POINTS DE VUE

SUR

L'HISTOIRE DU COMMERCE DE L'ORIENT

AU MOYEN-ÂGE

CONFÉRENCES DONNÉES A LA SORBONNE

PAR

N. IORGA,

Professeur à l'Université de Bucarest, Agréé à la
Sorbonne, Correspondant de l'Institut de France.

PARIS

LIBRAIRIE UNIVERSITAIRE J. GAMBER
7, Rue Danton, 7
1924

5 francs.

POINTS DE VUE

SUR

L'HISTOIRE DU COMMERCE DE L'ORIENT

AU MOYEN ÂGE

CONFÉRENCES DONNÉES A LA SORBONNE

PAR

N. IORGA,

Professeur à l'Université de Bucarest, Agréé à la
Sorbonne, Correspondant de l'Institut de France.

————— ♦ —————

PARIS

——

LIBRAIRIE UNIVERSITAIRE J. GAMBER
7, Rue Danton, 7
1924

Points de vue sur l'histoire du commerce de l'Orient au moyen-âge
— Conférences données à la Sorbonne —

CHAPITRE I.
Le commerce en Orient pendant les grandes invasions barbares

Mon intention est celle-ci: de chercher dans le développement du commerce des éléments d'histoire universelle, d'y trouver encore un point d'appui pour pouvoir fixer les lignes générales de l'histoire universelle pendant le moyen-âge.

Le commerce, il est inutile de le dire, est non seulement un échange de produits, mais, en même temps, un échange de connaissances et une manière d'unir entre elles les différentes nations.

L'histoire du commerce, comme l'histoire littéraire, comme l'histoire des idées, peut fournir des points d'appui d'une très grande importance dans l'histoire universelle.

Mais ces conférences veulent toucher au commerce aussi à un autre point de vue. Au moyen-âge, on ne peut pas étudier un point du développement commercial sans toucher à des questions qui n'appartiennent pas, à proprement parler, au sujet, mais qui, lorsqu'elles sont considérées au point de vue du commerce, livrent certains secrets du mouvement des peuples, du changement des frontières, qu'on ne pourrait pas trouver autrement.

En première ligne il faut toucher à l'invasion des barbares, en présenter le vrai caractère, qui correspond, sans doute, au témoignage des sources, mais, en même temps, à autre chose. Il n'y a rien de plus important que la parole écrite de ceux qui ont vu les évènements, qui en ont été les témoins; mais il y a quelque chose à côté: il y a la géographie qui ne change pas. Elle donne les lignes générales de tout mouvement économique, de tout mouvement psychologique qui provoque et accompagne les mouvements économiques.

Rappelons d'abord, pour ce premier chapitre, l'opinion reçue, pour essayer, ensuite, de voir pourquoi cette opinion pourrait bien être remplacée par une autre.

Il y a, dit-on, un commerce de terre très important entre les régions du centre et de l'Occident de l'Europe, et l'Orient. Vers le IV-e siècle, ce commerce avait provoqué la richesse de provinces entières, il avait favorisé le développement des nations qui y ont participé, et tout à coup, à un certain moment de ce IV-e siècle, vers 370, des événements sont intervenus qui ont empêché la continuation de ce commerce, qui l'ont même détruit. Un chaos s'est produit dans le monde civilisé et, parmi les ruines provoquées par ce désordre de plusieurs dizaines d'années, il y a eu aussi la ruine complète du commerce.

Les barbares seraient arrivés par grandes masses, se ruant sur les riches provinces de l'Empire romain; les grandes voies de commerce auraient été interrompues; des régions, qui ont joué un rôle important dans le développement de la civilisation ancienne, ou qui ont été touchées profondément par ce développement, auraient été dévastées.

On a, il est vrai, des textes à l'appui, mais on peut admettre de l'exagération dans la littérature historique du IV-e siècle comme dans tout document littéraire; il y a une façon de présenter les faits qui peut les fausser un petit peu. Or, en se fondant sur ce témoignage de sources bien réelles, authentiques, contemporaines, on décrète l'existence d'une grande lacune entre le florissant commerce de l'antiquité continentale, de l'antiquité maritime même et entre une autre époque: on serait même disposé à descendre jusqu'au X-e ou au XI-e siècle, pour faire l'honneur aux Républiques italiennes de ce renouveau du commerce, mortellement atteint par l'invasion des Huns et les phénomènes de migration qu'elle a provoqués.

La théorie du cataclysme provoqué par l'invasion des barbares est en relation avec celle des résultats extraordinaires qu'aurait eus, pour le développement de l'humanité, cette invasion, avec le profit moral que la science germanique attribuait aux envahisseurs. Dans certaines régions et dans certaines domaines, on admet un changement total dû à l'initiative des nations envahissantes: les Germains de toute catégorie, de toute origine, parmi lesquels on verra bientôt qu'il y en a qui ne sont Germains que de nom, comme il y a des Huns qui ne sont des Huns que par leur nom, vinrent apporter une civilisation jeune au monde corrompu, au monde vieilli une civilisation pure; à un monde qui n'aurait pas été capable de poursuivre son développement, étant attaqué dans ses principes même, une autre civilisation dont les principes vivraient jusqu'à notre époque.

Il est vrai que cette théorie a été attaquée, avec le talent que l'on sait, avec la logique de fer qui caractérise sa pensée, par Fustel de Coulanges [1].

Il est impossible de présenter d'une manière plus complète les pièces d'un procès historique, d'avoir une vue d'ensemble meilleure après avoir attaqué avec énergie des opinions qui, pour être anciennes, n'en étaient pas plus solides.

Ma tâche sur beaucoup de points essentiels en est donc rendue plus facile.

En dehors de ces considérations cependant, s'il n'y avait que la continuation, dans la Péninsule Balcanique, des anciennes villes avec leurs anciens noms, ce serait un argument contre la théorie du désemparement général et des résultats ruineux provoqués par l'invasion des Huns.

Ces villes existent jusqu'aujourd'hui, et la plupart conservent leurs noms anciens. Il faut penser que la Dalmatie a été attaquée par deux séries de barbares, dont les derniers n'étaient pas plus doux, en fait de procédés, que les premiers. On parle toujours du Slave sentimental, rêvant sur les rivage des fleuves, y voyant passer les formes blanches des roussalkas. Il y a de l'exagération: le barbare, sans distinction de races, était le même, ni aussi mauvais, ni aussi doux que l'on peut se l'imaginer. Il n'y avait, chez les uns

---

[1] *Histoire des institutions politique de l'ancienne France, l'invasion germanique et la fin de l'Empire*, 3-e édition, Paris, 1911.

et chez les autres, ni autant de cruauté, ni autant de philanthropie, capable d'épargner les vaincus. La Dalmatie a été traversée donc tour à tour par les Goths de Théodoric, avant de passer en Italie et de s'y établir, puis par l'invasion slave des VI-e et VII-e siècles, qui a recouvert les villes et les a totalement transformées. Mais il faut bien s'imaginer qu'entre le passage des Goths de Théodoric et entre l'établissement des Slaves, il y a eu de nombreuses attaques d'autres barbares de ce côté-là. Ils ne pouvaient pas perdre de vue des régions aussi riches et des villes dont la prospérité devait attirer leurs regards avides.

Eh bien, malgré cela, la côte de l'Adriatique dalmate, conserve en grande partie son ancien aspect: la Jader de l'antiquité est la Zara d'aujourd'hui; le Tragurium vit dans Traù; si Épidaure n'existe plus que dans les souvenirs de la „cité", de la Captat près de Raguse, Rizanum s'appelle encore Rizano. Le palais de Dioclétien est rappelé dans le nom de Spalato.

Toute cette région a donc conservé ses noms anciens, ses noms grecs et même les noms que lui donnaient les anciens Illyres.

Mais il n'y a pas ceci seulement. Sans prétendre faire de la bonne philologie et sans avoir le courage d'en faire une mauvaise, on peut dire cependant que le seul fait que dans l'histoire de la Péninsule des Balcans les mots latins pour le négoce sont conservés, montre que ce négoce a été pratiqué sans aucune interruption.

---

[1] Cf. Stalimene, Starea, Stanchio, Stamboul, même Silistrie (εἰς τὴν Δρίστραν).

Il y a eu deux romans dans les Balcans; un roman dalmatin, qui vient de disparaître il y a une dizaine d'années, et ce roman de Danube et des Carpathes, qui est le roumain. Dans ce dernier aussi le marchand c'est encore le **negustor**, c'est-à-dire le „negociator"; si le terme **comerț** est un néologisme, il a été ajouté, d'une manière tout-à-fait superflue, à l'autre, **negoț** (negocium). Le profit, **lucrum**, est devenu dans le roumain **lucru**, toute propriété, toute „chose". Il y a encore quelque chose de l'ancien vocabulaire employé par le monde romain pour les mesures. On mesurait le drap, la toile, par le **cubitus**: les Roumains ont le **cot** qui en dérive, et, quant aux diminutifs, **rup** vient de „rompere" et, quant à **greu**, c'est la pesanteur, la „gravité" qu'il exprime.

Enfin, il y a un troisième argument qui ne pourrait guère permettre d'accepter l'hypothèse du cataclysme général provoqué par les invasions. Le voici.

On a fait plutôt par hasard des recherches à travers la Péninsule des Balcans et sur tout le territoire roumain, en fait de monnaies. Or, les résultats auxquels on est arrivé sont ceux-ci: on a trouvé des monnaies appartenant à presque tous les empereurs romains et à beaucoup d'empereurs byzantins. Il y en a qui manquent, mais la série des empereurs romains et même des empereurs byzantins ne présente pas de lacunes trop importantes. Ce qui signifie que dans ces régions le commerce a persisté pendant toute la durée du moyen-âge.

Donc, conservation parfaite des localités de la Dalmatie et d'ailleurs avec leurs noms anciens, conservation, au moins en partie, de la terminologie, trésors monétaires montrant une circulation non discontinue de la monnaie et donc des voyages périodiques des marchands, jamais empêchés par le cataclysme: voici un argument.

Et ceci s'explique sans difficulté. Le résultat de l'invasion a été l'établissement d'un État touchant, d'un côté, à l'Asie Centrale et, de l'autre côté, au Nord-Ouest, aux Alpes de la Suisse actuelle, et ce sont, sans doute, des conditions politiques qui permettent le développement du commerce. Quant aux procédés, les procédés d'Attila (sur lesquels je reviendrai bientôt) n'étaient pas, naturellement, ainsi que je l'ai dit, trop bénignes, et on s'en ressentait parfois; mais je me demande si le moyen-âge offre, dans des régions plus épargnées par les catastrophes, étant soumises à des nations dont les dispositions d'âme étaient plus favorables à la vie du prochain, des scènes beaucoup plus réconfortantes que celles qui ont accompagné l'invasion, et surtout le gouvernement d'Attila.

Pour entrer dans le sujet lui-même, on a, à cette époque, une source absolument contemporaine. Il y a quelqu'un qui a vu ce qui s'est passé à ce moment-là: Ammien Marcellin. Il a été en Syrie, en Mésopotamie, sur le Danube, et il y a dans le récit de ce soldat qui ne prétendait pas seulement donner des mémoires, qui voulait faire entrer ces souvenirs dans un exposé général de l'histoire ancienne, des choses vues et bien vues. Sur le terrain même de l'invasion des Huns, on peut se demander si son célèbre portrait de ces barbares correspond à la réalité, s'il n'y a pas des choses prises ailleurs, dans des sources beaucoup plus anciennes, et dans Hérodote lui-même, comme sa description des terribles barbares.

Mais, enfin, on a une source contemporaine et cette source présente l'apparition des Huns, le désarroi causé d'abord dans la partie orientale du monde par l'invasion des Goths et des Ostrogoths et ensuite des Wisigoths, fixée en Thrace, les négociations entre les Germains menacés par l'invasion des Ouralo-Altaïques, les nouveaux barbares, avec les Romains, le résultat du passage du Danube et l'établissement germanique dans la Péninsule. L'ensemble fait une très bonne impression.

Regardons de plus près les détails, pour interpréter, c'est-à-dire réduire, corriger.

Les Huns viennent du fond de l'Asie; ces Huns Noirs, par distinction des Huns Blancs,— „blanc" et „noir" désignent les points cardinaux,— arrivent des régions de l'Altaï dans la province du Dniéper, sur un territoire occupé par les Ostrogoths. Ils poussent ces Ostrogoths vers le Dniester, vers le Pruth. Il y a une faible résistance de ce côté-ci. Et, ensuite, les vaincus s'en vont demander un refuge sur le territoire de l'Empire d'Orient. On les accueille. Puis, mécontents de la manière dont ils sont traités par les officiers impériaux, ils se révoltent; ils livrent une bataille, à Andrinople, à l'empereur Valens, qui est tué. Pendant quelques années, il y a l'anarchie provoquée par l'établissement de ces barbares dans la péninsule.

La conclusion est-elle cependant qu'ils ont détruit totalement l'activité commerciale de ces régions? Ammien Marcellin lui-même ne le dit pas. Et, dans ces parages aussi, jusqu'au VII-e siècle, la ligne des villes de la rive droite du Danube s'est conservée. On trouve, à partir de Vidine-Bononia, d'Artscher-Palanca-Ratiaria et jusqu'à Durostorum (Dârstor en roumain, de même qu'en bulgare[1]) jusqu'à Tomi—, sur la place

---

[1] Sur le sens de Silistrie, dérivée de ce nom, voy. plus haut p. 6, note 1.

de la Constantza actuelle, toute la ligne des villes de commerce, qui se sont conservées, et d'une manière assez satisfaisante. On s'imagine bien que leurs citoyens auraient quitté leurs murs s'ils n'avaient pas eu la possibilité de faire un certain commerce, car ils ne pouvaient pas se nourrir seulement du travail des habitants de la campagne environnante. On dépasse à peine le territoire d'une de ces villes qui se rangent sur la rive droite du Danube très fréquentes, qu'on se trouve sur le territoire de l'autre. Toutes ces villes devaient se nourrir par le commerce (Novae, Akys, Zaldapa, etc.). Et les chroniques byzantines du VII-e siècle, à l'époque de l'empereur Maurice, les présentent ainsi, et même à l'époque des Avars.

Ces barbares, beaucoup plus redoutables et plus cruels que les Huns, traversent, en effet, cette région et s'en prennent à ces villes. Ils demandent des prix de rachat et, cependant, l'existence de ces cités sur la rive droite du Danube continue.

Et même il y a un autre fait qu'on a négligé jusqu'aux dernières années: c'est que la présence de cités sur la rive droite du Danube ne suppose pas la non-existence d'autres cités sur la rive gauche. On a une partie des noms anciens, jusqu'à une certaine date, sur la rive qui est devenue plus tard roumaine. En même temps, il n'y a pas de doute que le Danube n'a jamais été un fleuve abandonné.

Il y a des panégyristes du IV-e siècle qui le décrivent en disant que le fleuve se déroule entre des rives recouvertes de villes et de châteaux, et qu'il y a des garnisons bien entretenues.

Cette grande voie de commerce n'a jamais été livrée aux barbares, qui n'en auraient su que faire. Il n'y a pas eu un Danube goth, il n'y a pas eu un Danube hun, ou, plus tard, un Danube appartenant aux Avars, aux Slaves, aux Bulgares, lorsque l'État bulgare s'est formé, vers la fin du VII-e siècle, dans la péninsule des Balcans.

On s'imagine, ensuite, les Goths comme formant une armée. Cette armée aurait appartenu à un État. Cet État aurait eu un roi, et il y aurait eu un antagonisme entre le monde goth organisé de cette façon royale et occupant un territoire délimité, ayant des intérêts économiques en propre, et l'autre territoire, celui de la rive droite, appartenant à l'empereur, ayant une autre organisation et d'autres tendances économiques. Il y aurait eu un conflit entre ces deux mondes, et le monde romain, incapable de se défendre, aurait succombé dans ces régions, avec les conséquences de ruine dont j'ai parlé.

Mais entre le monde germanique, non organisé encore, et dont on ne voyait pas les lignes développantes, et entre le monde ancien, il y a eu, à un certain moment de l'antiquité, un monde moyen, ce monde participant à la civilisation ancienne, mais ne l'ayant pas dans les mêmes proportions que les provinces appartenant à l'Empire.

L'un de ces États, qui est à la base d'une grande partie du développement des relations françaises, c'est le monde gaulois. Et, de l'autre côté, sur le Danube, il y a un autre monde barbare auquel M. Jullian vient de faire une place importante dans les chapitres mêmes de sa belle „Histoire de la Gaule", mais qui n'est pas encore introduit dans les considérations générales sur l'antiquité. C'est le monde dace, dont le royaume peut être mis à côté de cette collectivité de cités gauloises dont l'importance dans l'histoire ancienne ne peut pas être assez soulignée.

La mission de la Gaule, d'un côté, et de la Dacie, de l'autre, était, pour ainsi dire, de faire filtrer le monde germanique, de prendre la barbarie, de la faire entrer dans ces formes intermédiaires pour qu'ensuite, après s'être transformée, elle puisse participer au mouvement général de la civilisation ancienne.

César a fait disparaître les possibilités d'avenir de la Gaule; Trajan a fait disparaître les possibilités d'avenir de la Dacie. Alors, derrière la Dacie, détruite, romanisée, jusqu'à un certain point, — puisque la romanisation est plus ancienne que Trajan, précisément parce qu'elle est plus fondamentale et a un caractère populaire qui est bien plus ancien que l'époque de Trajan, — il a dû y avoir une poussée des masses jusqu'alors retenues.

Le monde barbare a essayé de se refaire dans une de ces formes intermédiaires entre la civilisation romaine et entre la barbarie. Il y a eu ainsi le royaume de Marbode, en Bohême.

Après la disparition de cette seconde citadelle mitoyenne il n'y a pas eu, chez les Germains, de formation royale dans le vrai sens du mot. C'est-à-dire que les Germains ne pouvaient pas, par eux-mêmes, créer ce que d'autres races ou d'autres éléments mélangés avaient pu donner dans les Carpathes ou dans les montagnes de Bohême [1].

On trouve des Goths pendant longtemps dans les régions carpathiques, sur le Danube, mais, cependant, ce sont des bandes militaires. Il n'y a pas une seule espèce de Goth, et il n'y a jamais eu d'État goth.

Le roi Hermanric, le défenseur du Dniester contre les Huns, appartient en grande partie à la légende rap-

---

[1] Cf. Ammien Marcellin, XXXI, 2: „aguntur autem nulla severitate regali, sed tumultuario optimatum ductu contenti".

portée par Jordanès ; sa puissance ne signifie guère une royauté sérieuse et réelle.

Il y avait des éléments goths qui participaient à la vie militaire de l'empire; il y avait d'autres éléments qui n'y participaient pas, qui couraient les routes et s'enrichissaient de l'occupation, familière à d'autres Germains, aussi, de détrousser les marchands.

Même, ceux qui sont passés au-delà du Danube, au VII-e siècle, ne forment pas la masse principale des Goths; ils n'en sont qu'une faible partie. La plupart sont restés sous la domination hune. Quant aux Ostrogoths, ils ont passé plus tard dans la Péninsule des Balcans, avec les prédécesseurs de Théodoric, qui se sont établis à Novae, et on doit s'imaginer l'„État" de Théodoric comme recouvrant les deux rives. Et les éléments contraints à abandonner leur ancien territoire, même ces éléments, ne venaient pas en destructeurs: ils s'offraient en soldats de l'Empire et seul le fait d'avoir été mal accueillis par l'Empire a provoqué des révoltes.

Sous leur „domination" ou dans leur simple voisinage, les villes de la rive droite du Danube[1] conservaient leurs foires, qui ont duré pendant la plus grande partie du moyen-âge, de même qu'aujourd'hui, lorsque la rive gauche du Danube présente sous le rapport économique une civilisation plus avancée, les habitants de la Bulgarie viennent aux foires du Danube roumain, à Calafat, à Giurgiu et ailleurs.

Le marché, la foire, s'appelait, d'après le nom de la fête, puisque les jours de fêtes étaient choisis pour cet échange de marchandises, la panégyris, et le mot

---

[1] Sur lesquelles voyez mon article concernant les „Romaniae" dans la „Revue belge d'histoire et de philologie", II.

est resté dans le langage populaire même[1]. C'est le panaïr de la Dobrogea actuelle, et la Panaguiourichté bulgare représente la place où il y a eu un „panaïr".

La panégyris apparaît, du reste, aussi dans le témoignage, très intéressant, de Priscus, secrétaire d'ambassade byzantine, pour employer un terme contemporain, qui accompagnait les envoyés de l'empereur de Constantinople à la Cour d'Attila. Il est question de Huns qui envahissent une ville frontière au moment de la panégyris; ils se saisissent d'une partie des clients de cette foire; ils prennent les marchandises, mènent en captivité les marchands[1]. De sorte que, après l'invasion du dernier quart du IV-e siècle, on n'a rien qui n'eût existé auparavant.

On a des soldats de l'Empire, on a sur cette ligne du Danube dans l'intérieur des bandes de pillards, qui avaient même un nom particulier, s'appelant, dans le Norique, des „scamares", mot que le biographe de Saint-Séverin déclare être pris dans le langage des habitants mêmes[1]. Mais il y avait une population paisible qui entretenait des relations de commerce comme auparavant.

Il y a une preuve documentaire que vers la fin du V-e siècle la situation était la même qu'auparavant, dans une région voisine de cette partie danubienne.

On a une vie de Saint dont l'importance est tout-à-fait exceptionnelle, pas contemporaine ʻdans le sens

---

[1] Voy. Priscus : Εἶναι δὲ καὶ τὰς πανηγύρεις ἰσονόμους καὶ ἀκινδύνους Ῥωμαίοις τε καὶ Οὔννοις ; p. 168.

[2] Τῶν Σκυθῶν κατὰ τὸν τῆς πανηγύρεως καιρὸν καταστρατηγησάντων Ῥωμαίους καὶ πολλοὺς ἀνελόντων (p. 140).

[3] Latrones quos vulgus scamaras appellabat ; *Vita S. Severini,* p. 14.

le plus précis du mot, mais écrite par quelqu'un qui
a connu le saint et a demandé le témoignage de personnes ayant vécu à côté de lui, ayant participé à son
activité, ayant vu les miracles accomplis par ses priè-
res. Entre autres, celui d'avoir arrêté la crue du Danube.

La Vie de Saint Séverin a été écrite par Eugip-
plus et date de l'époque de l'empereur Anastase:
Théodoric se trouve déjà en Italie, puisque l'auteur
mentionne l'époque à laquelle le roi goth se trouvait
encore à Novae [1].

Et le saint avait accueilli Odoacre, lorsqu'il était tout
jeune homme et qu'il prenait le chemin de cette Italie: il lui avait même prophétisé son grand avenir.

On voit, dans cette source, une région toute cou-
verte de villes, de châteaux, de bourgs. Il y a une population, des **populi** [1], qui se livre à l'agriculture;
des champs qui appartiennent, en propre, aux habitants. Il y a même des barbares qui gardent les villes,
mais ils sont de mauvais soldats, puisqu'aussitôt que
d'autres paraissent, ils demandent la permission aux
Romains qu'ils doivent garder (ce sont des Romains
populaires, pas des Romains d'Empire) de sortir. On
leur ouvre les portes et les bons gardiens s'en vont
retrouver ces ennemis qu'ils redoutent peut-être, et
ils entrent dans la bande qui passe [1].

En dehors de l'agriculture, on voit une industrie dans

---

[1] Apud Theodoricum regem qui tunc apud Novas civitatem pro-
vinciae Moesiae morabatur; éd. Mommsen, p. 49.

[2] *Ibid.*, p. 35. Cf. „omnis populus", p. 36.

[3] *Ibid.*, pp. 13, 19-20. Des „praedones barbari"; p. 14. „Turba
latrocinantium barbarorum"; p. 17. „Barbari, cum ad Italiam per-
gerent, promerendae benedictionis ad eum intuitu deverterunt",
(p. 18).

ces villes au milieu des barbares. Des barbares s'occu-
pent du travail artistique des métaux, des „aurifices
barbari" qui sont retenus dans le but de fabriquer des
ornements pour le roi[1]. Ils vivaient donc enfermés,
sous clé et ne demandaient rien de mieux qu'une invasion ou quelque chose de semblable pour pouvoir é-
chapper à ce régime de travail contraint.

Le Danube est bien vivant dans ces régions. Des embarcations, des scafae[2], traversent sans cesse le fleuve et, à un certain moment, comme il y a la disette
dans une de ces villes, on dit qu'elle est due au fait que
les vaisseaux qui doivent venir du côté de l'Inn
ont tardé[1]. Et, comme le pays invoque le secours
divin, la glace qui obstruait la rivière disparaît, et on
a des provisions qui viennent, par cette rivière, de l'I-
talie[2].

Il y a des foires très fréquentées au Norique du
V-e siècle, au milieu du chaos, car rien n'est ordonné à
ce moment[3]. Il n'y a plus d'empire, il n'y a pas de
roi capable de dominer les autres; il y a, d'un côté,
les Goths, de l'autre côté des bandes allemandes, des
bandes thuringiennes, qui ne parviennent pas à s'entendre. Il y a une circulation ininterrompue de petits
groupes de „barbares pillards" à travers la provin-

---

[1] Quosdam enim aurifices barbaros pro fabricandis regalibus or-
namentis clauserat arta custodia ; *ibid.,* pp. 19-20.

[2] *Ibid.,* p. 33.

[3] Rates plurimae de partibus Raetiarum, mercibus onustae quam-
plurimis insperate videntur in litore Danuvii, quae multis diebus
crassa Oeni fluminis glacie fuerant colligatae, quae a Dei imperio
mox soluta ciborum copias fame laborantibus detulerunt (p. 10).
„Danubii navigatio" ; p. 32.

[4] Cuidam cum conjuge liberisque redempto praecepit transvad-
are Danuvium ut hominem ignotum quareret in nundinis barbarorum ; *ibid.,* p. 20. In qua parte nundinarum reperturus ; *ibid.*

ce. Je ne dis pas que cela ne la dérangeait pas, ce serait trop demander, mais, tout de même, on pouvait vivre, et le commerce s'y maintenait. Et en voici des preuves:

A un certain moment, les marchands adressent à Saint-Séverin une demande afin qu'il intervienne auprès du roi barbare pour qu'ils puissent continuer leur commerce. A ce moment, pour le saint, le commerce n'était pas la chose la plus importante et, comme il sentait le besoin d'un châtiment pour cette population rebelle aux préceptes de l'Église, il leur fait cette morale: Pourquoi s'encombrer de privilèges de commerce puisque, demain, il y aura, ici comme ailleurs, la disparition de la vie de cité et, par conséquent, par défaut de „mercatura", il n'y aura pas le „mercator"[1]?

Tout cela est possible à cause du „pacte" local avec le roi barbare voisin, dont on est le „sujet" (subjectus) dans des conditions bien définies[2].

Mettons ensemble ces deux faits: Danube du IV-e siècle, après les Huns; Norique de la fin du V-e siècle, lorsque Odoacre commande en Italie, où il se fait battre dans sa grande lutte par Theodoric. C'est une situation pareille à celle qui se retrouve pour la Dalmatie, dans la chronique byzantine de Malchus, avec la grande voie de Durazzo à Constantinople, fréquentée encore, ayant toutes ses auberges, tous ses

---

[1] Interea beatum virum cives oppidi memorati suppliciter adierunt ut, pergens ad Febanum, Rugorum principem, mercandi eis licentiam postularet. Quibus ipse: „tempus", inquit, „hujus oppidi propinquavit ut desertum sicut cetera superiora castella, cultura destitutum, remaneat. Quid ergo necesse est locis mercimoniá providere, ubi ultra non potest apparere mercator? *(ibid.,* p. 32).

[2] Initi foederis pact·o ; *ibid.,* p. 28. Sur les „subjecti", *ibid.,* p. 47[i]

points d'arrêt, tous ses moyens militaires. Lorsque Théodoric fait son premier essai de sortir de la péninsule des Balcans, le témoignage de Malchus le suit pas à pas, et on voit que la voie était intacte.

Le récit de Priscus sur l'ambassade byzantine à laquelle il appartenait comme secrétaire est de la même importance que le récit d'Ammien Marcellin pour le Danube mésien et dace et que le récit du biographe de Saint-Séverin pour la région du Norique et de la Pannonie.

Ayant employé des semaines entières pour aller à la Cour du roi hun et pour en revenir, voici ce qu'il constate:

Attila n'est pas un roi [1]. On parle, sans cesse, du roi hun. Il est dépendant de l'Empire, des deux Empires. Son action offensive,— qui se manifeste par des invasions dans la Péninsule des Balcans du côté de la Serbie actuelle et dans les Gaules, en l'Italie,—est due au fait qu'il y a deux Empires qui le courtisent, qui tâchent de le gagner chacun pour soi. Au fond il est un fonctionnaire de l'Empire romain: c'est Aétius qui lui a „donné" la Pannonie, et il demandera une concession plus vaste, jusqu'à Novae. Le roi des Huns, fonctionnaire de l'Empire romain, cela paraît paradoxal, mais c'est la réalité. On nous dit nettement qu'il était considéré par les Romains comme un magister militiae, pareil à Alaric, du reste, dans ces régions [2].

Il a demandé la main de la princesse Honoria, qu'on lui a refusée. S'appuyant sur le fait qu'Honoria avait le droit d'hériter de la moitié de l'Empire d'Occident [3],

---

[1] Cf. cependant pour son prédéceseur : Ῥούα βασιλεύοντος Οὔννων.

[2] Στρατηγὸς Ῥωμαίων, p. 201.

[3] Τιμωρήσειν γὰρ αὐτῇ, εἰ μὴ καὶ τὰ τῆς βασιλείας ἀπολάβῃ σκῆπτρα; *ibid.*, p. 151. Et la réponse: Σκῆπτρον δὲ αὐτῇ μὴ ὀφείλεισθαι.

il aurait été héritier de l'empereur qui venait de mourir. Et Priscus dit clairement qu'il aspire à être roi et a l'intention de faire une expédition du côté de la Perse, et, s'il en revient victorieux, les siens faisant des campagnes dans le Caucase, contre des nations de la même origine, il se proclamera roi et demandera que l'Empire ne l'intitule plus maître de la milice [1].

Du reste, il avait l'habitude de dire qu'il n'était pas maître de la milice, puisqu'il y a des généraux qui sont plus qu'un maître de la milice romaine et qu'il ne donnerait pas pour l'empereur lui-même.

Le barbare qu'on s'imagine ravageant toutes les régions voisines n'existe pas: c'était pour se les faire donner. Maître de Ratiaria, cette „très grande ville, et bien habitée", de Margus, ville d'évêque, d'Asimos, une „forte cité" (φρούριον καρτερὸν) [2], de cette région de pâtres, riches en troupeaux [3], il avait la prétention d'avancer jusqu'au Norique, où commandent des chefs romains et où, à Petavium, vit ce Romulus, dont Oreste épousa la fille [4]. Il est question une fois d'une entrevue avec les officiers impériaux, du côté de Serdica. Ce qu'Attila veut, c'est que l'emporium, l'agora, la place d'échange des marchandises, ne soit plus sur les bords du Danube, mais qu'elle descende jusqu'à Naissus [5], et il faisait ce calcul d'arithmétique bar-

---

οὐ γὰρ θηλειῶν, ἀλλ᾽ ἀρρένων ἡ τῆς ῥωμαϊκῆς βασιλείας ἀρχή; *ibid.*, p. 151.

[1] Ἀναγκάσειν σφᾶς ἀντὶ στρατηγοῦ βασιλέα προσαγορεύειν; p. 201. A Serdica les Huns mettent le nom de leur chef à côté de celui du César; du côté romain on s'indigne seulement parce qu'un homme ne peut pas figurer à côté d'un dieu; p. 170.

[2] Pp. 141, 143-144.

[3] Pp. 140, 145.

[4] Pp. 184-185.

[5] P. 147.

bare qui n'est pas très mauvais (il y en a d'autres qui l'ont employé et qui n'ont pas atteint non plus leur but): un territoire riche, on ne le donne pas. Mais, si on ravage ce territoire pendant de longues années, s'il n'y reste que des murs fumants, des habitants dispersés, l'Empire peut bien s'en passer et le céder au roi voisin sous la menace duquel se trouve le territoire. Du reste l'Empire y était souvent disposé, ne demandant au nouveau possesseur que de se déclarer fédéré [1].

C'est le sens des invasions d'Attila dans cette région de la Serbie occidentale. Il faut noter aussi ce fait que cet homme qui détenait toute la région jusqu'au fond de la steppe, pouvait bien faire des invasions d'un autre côté. Eh bien, non, il avance et il ravage toujours du côté de la Serbie, parce que son intention est de se faire céder ce territoire défini.

A sa Cour, on parle le hun, on parle le goth, on parle „l'ausonien". L'„ausonien", c'est l'„italien", c'est le romain vulgaire. Priscus distingue très nettement entre les personnes qui parlent l'„ausonien" et celles qui parlent le grec [2]. On trouve ce terme de γραικὸς employé sous l'impression du langage même de la population de là-bas. Tout le monde autour d'Attila était rempli de romain populaire. Même, je crois ne pas trop m'avancer en signalant ce fait que la

---

[1] Dans le cas de Dingizic, qui demande γῆν καὶ χρήματα, Léon lui fait répondre: ἕτοιμος ἔχειν πάντα ποιεῖν εἴγε ὑπηκουσάμενοι αὐτῷ παραγένωνται: χαίρειν γὰρ τοῖς ἀπὸ τῶν ἐχθρῶν ἐπὶ συμμαχίᾳ ἀφικνουμένοις; p. 162. Sur les nations danubiennes, dont les Boisci celtes, qui „sont liés aux Romains ὁμαιχμίᾳ", p. 167.

[2] Τῇ Αὐσονίων, ὅσοις αὐτῶν πρὸς ῾Ρωμαίοις ἐπιμιξία, καὶ οὐ ῥαδίως τις σφῶν ἑλληνίζει τῇ φωνῇ ... Γραικὸς το γένος; p. 190. Cf. pour „l'ausonien", p. 206.

description de la maison d'Attila et de sa femme Kréka, cette maison bâtie en bois, ayant un corridor qui l'entoure, des arcades[1], ne correspond pas, ceci est bien certain, à l'habitation barbare, à l'habitation hune: c'est l'ancienne habitation thrace, héritée par les Roumains[1]. On découvre même ses archaïques tapis[2].

Il y a, dans Attila, beaucoup de choses qui sont empruntées à l'Empire du milieu. Son orgueil est un orgueil chinois, sa statistique dure, le compte exact qu'il fait des personnes qui partent de chez lui et qui se réfugient en terre d'Empire et qu'il réclame, pour les faire rentrer sur ses terres, cette exploitation humaine impitoyable, c'est quelque chose qui vient de la Chine. Et il y a aussi dans sa pompe, dans l'exhibition de richesse qui forme le principal élément d'orgueil pour la cour du roi hun, quelque chose qui vient du très lointain Orient jaune.

Il y a bien des relations qui viennent de ce côté-là, mais, en même temps, il est le président de l'ordre barbare au Nord du Danube, du Danube sans cesse traversé par des embarcations[3], les σκάφαι d'un seul tronc, les

---

[1] Περιβόλῳ ξυλίνῳ κυκλούμενα..., πρὸς εὐπρεπείαν. Κῶραι στυχηδόν προπορευόμεναι, ὑπ' ὀθόναις λεπταῖς τε καὶ λευκαῖς; p. 188. Θύραι τοῦ περιβόλου..., οἱ δὲ κύκλοι ἐκ τοῦ ἐδάφους ἀρχόμενοι εἰς ὕψος ἀνέβαινον μετρίως.. Τοῖς ἐκ τῆς ἐρέας πιλωτοῖς τοῦ ἐδάφους σκεπομένου, ὥστε ἐπ' αὐτὸν βαδίζειν; p. 197.

Cf. notre *Art populaire en Roumanie*, Paris, Gamber 1923. Sur les κῶμαι des indigènes, Priscus, p. 183.

[2] Ὀθόνας χρώμασι διεποίκιλλον; p. 197. Cf. p. 203: καλυπτομένην [εὐνὴν] ὀθόλοις καὶ ποικίλοις παραπετάσμασι κόσμου χάριν.

[3] Voy. le cas du sénateur envoyé à Attila, qui part d'Odessus ou commande le stratège Théodule, en 441; p. 169. Cf. déjà Jung, *Anfänge der Rumänen*, dans la „Zeitschrift für österreichische Gymnasien“, année 1876, p. 169: „In ähnlicher Weise verstand man auch unter dem Namen Hunnen zu Attila's Zeiten eine Reihe germanischer, slavischer, türkischer Stämme“.

μονόξυλοι d'Eugippe [1]. Tous les barbares y entrent [2].
Comme dans le royaume dace il y avait, sans doute, des
éléments germaniques, des éléments slaves se trouvent réunis sous le sceptre d'Attila, comme sous les
Sultans turcs, qui plus tard, au XV-e siècle, à l'époque
de Soliman, avaient non pas seulement une chancellerie
turque, mais, en même temps, une chancellerie grecque, une chancellerie slave.

La péninsule des Balcans était donc sous Attila un
pays de trois langues, un pays de plusieurs civilisations.
Il y avait l'ancien fond de la population originaire,
cette population qui avait subi l'empreinte de la civilisation romaine, il y avait, sous des „juges" [3], le
provincial romanisé, auquel le Hun, son „voisin" seulement [4], empruntait une grande partie des éléments
de sa vie politique, sociale, artistique, il y avait des restes de germanisme [5]. Il y avait la surface hune, et le
tout se groupait dans une forme que je ne qualifierai
pas d'harmonieuse, mais tout de même ayant une
certaine stabilité.

Et cette stabilité donnait un avantage: sur un petit
territoire on ne peut faire qu'un commerce restreint.
Sur une immense étendue de territoire, partant du
Karakoroum pour s'arrêter seulement dans le voisinage
des forêts germaniques, on pouvait circuler rien qu'

---

[1] P. 172. Les barbares πορθμεῖς (plus tard ναῦται) les creusent:
ce sont les indigènes. Cf. τοῖς μονοξύλοις πλοίοις οἷς οἱ προσοι-
κοῦντες τοῖς ποταμοῖς κέχρηνται; p. 183. On passe aussi par des
σχεδίαι placées sur les chariots, les ἅμαξαι barbares (p. 183).

[2] Sur un barbare crucifié ἐν Καρσῷ, φρουρίῳ θρακίῳ, p. 169.

[3] Δικαστῶν κρίσει; p. 143.

[4] Προοικοῦσιν; ibid.

[5] Les „chants scythes" (ᾄσματα σκυθικὰ) sont ceux des Goths
(p. 188). Cf. ᾄσματα πεποιημένα; p. 205.

avec un „laissez-passer" du roi hun. Ce qui, plus tard, au XIII-e siècle a formé la richesse et l'importance mondiale de l'Empire tatar, se trouve donc en germe dans cette formation d'Attila qui englobait tout un héritage de civilisation déchue et de marée montante vers la civilisation, de la barbarie germanique.

CHAPITRE II.

La voie intérieure du commerce et les Francs.

Je crois avoir établi qu'en dehors du commerce maritime, très important et qui dure, il y en avait, au moyen-âge, un autre par terre, un commerce qui suivait la voie de l'Europe Centrale par la vallée du Danube. Puis que cette communication par la vallée du Danube, et de l'Italie par certains passages des Alpes, dans le Norique, dans la Pannonie et dans la région de la Dacie, n'a guère été interrompue par les invasions des barbares, qu'il n'y a pas eu une situation de grande guerre entre un État et un autre État. Que la barbarie n'a jamais formé un royaume pouvant être opposé à l'Empire romain. Qu'il y a eu des barbares de différentes catégories et beaucoup de barbares qui se sont accomodés au régime romain, qui l'ont servi, qui l'ont aidé. Que les autres ont formé des bandes, rien que des bandes, qui pouvaient troubler la tranquillité d'une province, mais qui n'empêchaient pas que cette province conservât ses villes, ses bourgs, ses villages, ses foires, surtout ses foires. Puis que l'Empire d'Attila n'est guère un vrai Empire ayant à sa tête un roi, qu'Attila n'est là-bas que le chef d'une confédération de barbares dans laquelle entrent tous sans distinction, les Germains comme les autres. Qu'en même temps, l'ancienne civilisation populaire de cette région du Danube moyen s'est conservée, amoindrie, mais très vivace.

Car, lorsque l'Empire disparaît, c'est la „Romania" populaire, avec sa langue, avec ses institutions, avec ses traditions, avec tout l'héritage qu'elle devait à des civilisations plus anciennes que la domination de Rome, qui reste et transforme dans son sens tout ce qui la touche. Lorsque les Slaves ont paru à leur tour dans la péninsule des Balcans, cette invasion, qui n'a guère été douce, n'a pas changé aux conditions normales, sous le point de vue du commerce, comme sous les autres points de vue, de ces régions.

Bientôt cette voie centrale de l'Europe entrera sous l'influence de la domination franque et surtout de ce qu'on appelle l'Empire de Charlemagne, un Empire très relatif, Empire dans certains domaines, royauté franque dans d'autres, établissement avant tout chrétien.

Ce qu'il y avait toujours de plus important, c'était le commerce maritime. Il y a eu un moment où ce commerce maritime et le commerce par terre se sont trouvés sous la même direction. L'établissement de Théodoric en Italie est une action politique imposée par l'Empire; ce n'est pas lui, ce n'est pas sa race qui dominent en théorie, ce n'est pas le but appartenant à sa nation qu'il réalise en Italie. Il est le délégué de l'Empire d'Orient. Si Alaric a été maître de la milice en Dalmatie, si, après lui, cette qualité de maître de la milice dans le Norique, dans la Pannonie, dans les régions voisines (pas en Dalmatie) a été attribuée à Attila, Théodoric représente une troisième phase de cette formation intermédiaire, déterminée et dirigée par l'Empire romain d'Orient.

Ce n'est pas le Goth qui se gagne, par ses propres moyens et suivant un idéal lui appartenant, l'Italie;

il reste toujours celui qui avait résidé, pendant de longues années, sur le Danube, à Novae, un ancien sujet et élève de Byzance[1].

Comme il reste en relations avec cet Empire, comme il ne fait que le représenter en terre italienne, et,
en même temps, puisque son passage du Danube en
Italie ne s'est pas fait par mer, mais par les relations
géographiques naturelles qui existent entre cette région danubienne dont il venait et l'Italie, et que, plus
tard, il est arrivé à avoir toute cette région de la Dalmatie et du Norique, il faut admettre que la garde
de la grande voie danubienne s'est trouvée, à partir
de la fin du V-e siècle et pendant la première moitié
du VI-e, entre les mains de quelqu'un qui ne
représentait pas une royauté barbare, qui ne faisait
que représenter l'Empire byzantin par ce vicariat italien. Entre les mains de Théodoric et avec le système
économique du vicaire d'Empire en Italie, cette voie
de commerce a dû garder toute son importance.

Les lettres de Cassiodore montrent ce système. C'est
celui de la Rome byzantine dans toute sa dureté.
Pour des choses n'ayant aucune importance, comme
un échange entre les boeufs des Alamans et les boeufs
du Norique[2], il faut demander la permission du roi.

Après la victoire de Bélisaire et la réunion de l'Italie à l'État byzantin, cette voie moyenne s'est trouvée
encore plus entre les mains de l'Empire, et les communications, qui se faisaient sous l'égide du roi barbare, se sont faites d'une manière encore mieux or-
donnée par les officiers même de cet Empire.

---

[1] Cf. nos *Relations entre l'Orient et l'Occident au moyen-âge*,
Paris, Gamber, 1923.

[2] *Varia*, II, 50. Des „dromonarii", *ibid.*, IV, 7.

Il y avait donc, d'un côté, la flotte constantinopolitaine, qui dominait la mer et, à côté, la comunication
par l'intérieur qui menait de l'Italie dans les régions
du Danube.

Mais, dans le seconde moitié du VI-e siècle, la domination byzantine a été ruinée par ce qui n'a pas
été la trahison de Narsès, par cet accident qui s'est
produit à l'époque du règne de Justin II, alors que
Narsès avait le gouvernement de l'Italie: les Lombards, qu'il n'avait pas appelés, se soumirent une
grande partie de la péninsule [1].

Mais ce qui nous intéresse ici, ce sont les conséquences que pouvait avoir pour le commerce de l'Europe moyenne cet établissement des Lombards.

Il y a aussi une légende de la barbarie lombarde,
qui aurait influencé de la façon la plus défavorable
toutes les relations de civilisation et, entre autres, celles de commerce. Il faut tenir compte cependant du
fait que les Lombards ont été, pendant longtemps,
les clients de l'Empire byzantin, que leur établissement en Pannonie et dans le Norique a été fait sous
l'égide de l'Empire, que, dans les campagnes contre
les Goths, menées par Bélisaire, qui n'avait pas
une armée d'Empire, parmi les contingents barbares
soumis à son autorité, disons: personnelle, il y avait
eu, à côté des Huns, qui étaient déjà des Avars, aussi des Lombards, qui s'étaient donc habitués non
seulement au régime byzantin, mais à l'action de ce
régime en Italie.

La voie du Danube se trouve, ainsi, de nouveau entre
des mains sûres. L'unité qui existait auparavant entre

---

les régions du Danube moyen, entre les territoires romains d'Orient et l'Italie se conserve.

Le premier contact des Francs avec cette voie du Danube moyen doit être fixé dès l'époque de Théodoric. Ce qu'on néglige dans la personnalité, qui n'est pas simple, de Théodoric, c'est ce fait qu'il était, en même temps que roi pour les siens, que vicaire en Italie pour l'Empire, le président de l'ordre barbare en Occident, qu'il y avait toute une communauté barbare qu'il représentait.

Telle chronique byzantine note, au moment où l'Etat goth d'Italie était détruit, ce fait que les Francs, qui n'avaient pas attaqué les Thuringiens autant que le royaume de Théodoric existait, ont prononcé cette attaque. Cette communauté à la tête de laquelle se trouvait le puissant roi goth d'Italie s'est donc brisée et ceux qui en faisaient partie ont pu poursuivre leur propre politique.

Les communications maritimes, bien entendu, ne cessent pas. La Mer Méditerranée est restée, pendant des siècles, au moins avant l'apparition dominatrice des Arabes, une possession byzantine. Et M. Pirenne, qui a fixé une autre date pour le commencement du moyen-âge, s'appuyant sur ce changement d'hégémonie, a certainement, jusqu'à un certain point, raison.

Dès le VIII-e siècle les circonstances du commerce maritime avec l'Orient changent, et l'historien belge en a noté les conséquences.

Tandis qu'à l'époque des Mérovingiens les communications de la partie méridionale des Gaules avec les régions orientales de la Mer Méditerranée étaient

---

[1] *Revue belge d'histoire et de philologie*, I.

permanentes et produisaient un profit important pour toutes les régions qui étaient intéréssées, à l'époque de Charlemagne le commerce se retirera vers le Nord. De fait, dans telles annales de cette dernière époque on voit déjà à la frontière entre les Danois et les Saxons des négociants en grand nombre; une attaque de Godefroi, roi du Danemark, amène la destruction d'un port sur les frontières de l'Océan, port qui s'appelait, dans la langue des Danois, Réric, et les négociants qui s'y trouvaient établis sont transportés ailleurs. Les annales d'Éginhard donnent la date: 803 [1].

Mais, je ne crois pas que cette piraterie arabe ait eu vraiment l'importance qu'on lui attribue.

Le nombre de ces incursions, les moments fixés par les annales carolingiennes ou par d'autres sources pour l'apparition des Arabes sur les côtes de l'Adriatique, sur les autres côtes de l'Italie, dans ces régions voisines de la France, de l'Espagne, forment à peine une collection d'une vingtaine ou d'une trentaine de cas. On trouvera seulement des établissements d'un caractère très médiocre et passager. Celui de Fraissinet, en Provence, n'a eu guère d'avenir, maintenant seulement parce qu'il n'y avait pas un État puissant pouvant chasser les envahisseurs. C'était, dans d'autres conditions, ce qu'a été, à l'époque de Frédéric II, ce noyau de Sarrasins qu'il avait établis dans sa Lucera pour les employer dans certains buts.

---

[1] „Godofredus vero..., destructo emporio quod in Oceani litore constitutum lingua Danorum „Rerici" dicebatur..., translatisque inde negotiatoribus, soluta classe ad portum qui Sliesthorp dicitur cum omni exercitu venit". Cf. de la Roncière, *Charlemagne et la civilisation maritime au IX-e siècle* („Moyen-âge", IX, année 1907, p. 201 et suiv.)

Puis, dans le cas de Fraissinet, les Sarrasins avaient été appelés probablement par quelqu'un, qui les a ensuite abandonnés à eux-mêmes. Car, généralement, on ne doit pas admettre dans les invasions des barbares qu'ils agissaient, en entrant sur un territoire et en s'en rendant maîtres, de leur propre impulsion.

Ainsi l'invasion d'Attila dans les Gaules n'était pas due au désir de domination universelle ou à l'appétit inextinguible de pillage qui aurait fait le caractère permanent du chef des Huns, car la source byzantine contemporaine, le récit du diplomate Priscus, donne cette explication qui est la vraie: Deux candidats au trône franc se disputaient le pouvoir: l'un d'eux s'étant adressé à Aétius, qui représentait, bien qu'officier romain, une confédération de forces se trouvant dans les Gaules, a fait venir Attila [1].

Et, comme Attila avait un compte avec l'Empire d'Occident, cette question d'Honoria, l'expédition dans les Gaules s'est continuée à travers l'Italie.

Dans le cas des invasions sarrasines, il faut tenir compte aussi d'un autre fait.

Si, pour les barbares qui envahissent les régions du Danube au IV-e et au V-e siècles, il faut toujours distinguer entre la bande barbare qui n'est là que pour piller, et entre d'autres barbares, la majorité, qui veulent s'entendre avec l'Empire et qui y arrivent tout de même, ne faut-il pas faire la même distinction en ce qui concerne les Sarrasins? Un analyste franc peut bien ne pas faire cette distinction, lui qui n'est pas capable de saisir un développement historique, qui ne peut pas s'orienter, qui prend chaque fait d'une façon isolée et qui a même une certaine formule de style qu'il répète. On peut distinguer, de fait, deux manifesta-

---

[1] Pp. 152-153.

tions des Arabes pendant le VIII-e et surtout le IX-e siècle:

D'un côté, l'État arabe est disposé à entretenir des relations avec ses voisins, dans n'importe quelle forme, sauf cette paix définitive que ne permettait pas avec Byzance l'antagonisme des religions qui étaient à la base des deux États. Mais, un peu avant cette bataille de Poitiers, considérée comme une espèce de croisade par laquelle l'Occident aurait été délivré d'un grand danger, il y avait des rapports pacifiques entre les envahisseurs, bien que païens, et entre la population romane ou wisigothe et ces rapports se sont tellement continués de l'autre côté des Pyrénées, qu'il y a eu mariage entre un chef arabe et une princesse aquitaine.

A côté, il y avait une piraterie qui n'est pas seulement arabe, mais qui est, en même temps, grecque. Il y avait des relations normales, mais, en même temps que ces relations normales, qui donnaient à Arles, Marseille, à toute la côte de la Provence un contingent économique venant de l'Orient, peut-être des colonies, qui faisait passer certainement des objets, des fabrications de cet Orient, ayant conservé toujours ses corporations,— et pour bien comprendre le commerce de l'Orient, il faut tenir compte de ce fait que les corporations romaines n'ont pas duré partout en Occident, mais qu'elles se sont maintenues sans interruption en Orient, défandant Adrianople, à l'époque de Valens, contre les Goths—, les „corabiotae" apparaissent, à un certain moment, comme pirates[1]. Le terme grec de korabion s'est conservé en Sicile, et

---

[1] Le terme d'„orabiotae" que j'ai trouvé dans les annales franques paraît devoir être corrigé ainsi. Annales d'Eginhard; année

et a été d'un emploi courant pendant toute une large
partie du moyen-âge.

Mais le commerce s'est maintenu malgré des inci-
dents comme ceux qui amenaient même la destruction
des villes, comme Populonia. Rome elle-même a été
menacée par les invasions sarrasines, qui troublaient
toute une province italienne.

Mais les relations qui intéressent, en première ligne,
dans le cours de ces explications ce sont celles par voie
de terre.

Je les mettrais en rapport avec ce que j'ai essayé
de montrer ailleurs sur les „Romaniae" populaires du
moyen-âge succédant à l'Empire en déclin. De même
qu'elles représentent des organisations spontanées, de
même il y a eu des facteurs spontanés partant de
ces „Romaniae" dans le développement commercial du
moyen-âge. Et en première ligne cette curieuse aventure de Samon le Franc.

Frédégaire a sur lui un bref passage dans lequel il
dit— le passage est bien connu — que „pendant la
„quarantième année du règne de Clotaire (en 623), un
„homme appelé Samon, de nation franque, appela au-
„tour de lui plusieurs marchands pour faire le commer-
„ce dans la région des Esclavons, qu'on appelait Vini-
„des (les Vendes)... Les Vinides, se rendant compte
„de l'utilité de Samon, l'élisent comme leur roi, et il
„régna pendant trente-cinq ans d'une façon prospère
„**(feliciter)** sur les Vinides, et ils eurent plusieurs guer-
„res contre les Huns, leurs voisins [1]".

---

809 : „In Tuscia Populonium, civitas maritima, a Graecis qui orobio-
tae vocantur, depraedata est".

[1] Anno XLC regni Chlotherii homo quidam nomine Samo, na-
tione Francus, plures secum negotiatores adscivit ad exercendum

On a beaucoup discuté sur la situation de Samon.
Quelle pouvait être la situation réelle de ce chef d'entreprise économique, qui ressemble aux explorateurs
européens de l'époque moderne, à ceux qui, avant l'é-
tablissement officiel des Anglais dans les Indes, sont
arrivés les premiers dans ces régions et ont fixé
les premiers jalons de l'expansion européenne dans
la péninsule?

Du côté de la science slave, on a essayé de slavi-
ser Samon, en s'appuyant sur un témoignage posté-
rieur, concernant la conversion au christianisme des
Slaves de ces régions, des Slaves de Carinthie et des
régions voisines. Mais le témoignage est seulement du
IX-e siècle, d'une époque avancée du IX-e siècle [1].

Or, d'après le témoignage exprès de Frédégaire,
Samon n'était pas un Slave, il n'était pas de là-bas,
de cette région définie dont les habitants se sont appelés plus tard les Carinthiens. Il avait autour de lui
une compagnie, pour employer un terme du XVI-e,
du XVII-e ou du XVIII-e siècle.

Maintenant, il est bien certain que Samon n'avait
pas été envoyé par le roi franc. Ce n'était pas une
mission qu'on lui avait confiée. L'État franc n'avait
pas, à cette date de 623, aucun moyen de le soutenir.
Sa situation comme roi (le terme est vague) de ces
Slaves vendes ne dépendait pas de l'expansion, im-

---

negotium in Sclavos, cognomento Winidos... Winidi, cernentes utili-
tatem Samonis, eum super se eligunt regem, ubi triginta quinque
annos regnavit felliciter. Plura proelia contre Chunos suo regimine
Winidi gesserunt. Suo consilio et utilitate Winidi semper superue-
runt; p. 48. Cf. Gustav Schnürer, *Die Verfasser der sogenannten
Fredegar-Chronik*, Fribourg, 1900.

[1] *De conversione Bogoarorum et Carantanorum*, dans les
„Monumenta Germaniae Historica", XI, 7: „Samo nomine quidam
Sclavus, manens in Quarantanis, fuit dux gentis illius". Cf. Huber,
Geschichte Oesterreichs, I.

possible à ce moment, de l'État des Mérovingiens. Il faut donc admettre ce fait que Samon, avec les marchands qui l'entourent, qui le soutiennent, avec ceux qui se trouvent autour de lui, représente un phénomène essentiellement spontané, populaire. Donc, si la grande voie maritime reste une voie byzantine, que les pirates arabes et grecs peuvent troubler, mais pas empêcher, à côté de cette voie de communication ancienne et officielle se forme une autre, de communication spontanée et populaire, par terre, suivant le cours du Danube.

Et voici d'autres faits qui s'ajoutent à la mission sporadique de Samon pour montrer qu'il ne s'agit pas d'une entreprise isolée, qu'il y avait tout un courant qui s'est continué dans d'autres formes, sous d'autres drapeaux et au profit d'autres nations jusqu'à la grande ligne de communication carolingienne à travers l'Europe Centrale.

On considère trop souvent la Bavière, l'État du premier Tassilo, celui de Théodon, qui s'est présenté à Rome et a été accueilli par le Pape, de Hucbert, cet État christianisé sous Odilo par Boniface et qui a infiltré aux Lombards d'Italie, ses voisins, la religion chrétienne, qui s'opposa enfin à la royauté franque de Charlemagne et fut brisé, comme une formation accidentelle, d'un caractère uniquement géographique, n'ayant aucun contact, aucune liaison avec la grande politique de cette époque.

Cependant il faut observer ce fait que, tandis que les Thuringiens ne sont arrivés jamais à former un État, tandis que les Alamans ont disparu, que d'autres nations germaniques, qui ont joué cependant à une certaine époque un rôle, ne figurent plus dans les annales de l'histoire, cette Bavière résiste dans différentes formes, qu'elle était même, pour tel bâtard de la famille des Carolingiens, pour tel fils de Charles Martel, une possibilité dynastique. Un des bâtards de Charles Martel a essayé, en effet, de se substituer à la dynastie des Agilolfingues, qui sont restés jusqu'au bout les dominateurs de ce duché tendant à devenir un royaume.

Il me paraît donc que la Bavière n'est pas une création accidentelle de l'histoire, que sa longue durée, que sa solidité manifeste sont dues à un phénomène de l'histoire universelle, à un phénomène appartenant à l'ordre économique; que c'est cette voie du Danube qui a créé la Bavière antérieure au VIII-e siècle et régénérée à cette époque, rendue désirable pour les Carolingiens à cause de cette valeur commerciale.

On considère aussi comme un phénomène purement religieux l'avance des nouveaux missionnaires du Seigneur, des nouveaux „viri Dei" de l'espèce de Saint Séverin, au VII-e et au VIII-e siècles, l'apparition des moines, la prédication des continuateurs de Saint-Colomban, qui ont créé, par-dessus la Bavière, par les vallées de la Suisse actuelle et du Salzkammergut, la première Autriche.

Probablement, de même que l'entreprise aventureuse de Samon et que l'établissement de cette Bavière consolidée, il faut admettre que ce phénomène aussi est en relation avec l'existence de cette voie de commerce, de cette continuelle communication économique.

Le monastère n'est pas seulement un abri pour des personnes de dispositions pieuses, voulant prier. C'est, en même temps, un surrogat, un remplacement de l'ancienne „mansio" des grandes voies de commerce romaines. C'est le **xenodochium**, l'abri pour les étrangers, dont le nom figure dans tel capitulaire de Charlemagne, qui prend des mesures pour que les pauvres soient abrités gratuitement dans ces „xenodochea".

Il remplit, à cette époque et dans les régions dont je parle, le même rôle qu'il a rempli, sous la domination ottomane, d'un bout à l'autre de l'Empire des Sultans, le même rôle qu'a rempli le couvent roumain pendant presque tout le développement des pays fondés par cette nation jusqu'au commencement du XIX-e siècle: place où l'on priait, citadelle, faisant partie d'un système militaire, et, en troisième lieu, endroit où le marchand savait pouvoir s'arrêter pour l'abri d'une nuit et même pour trois jours en plus.

La vie de Saint Rupert, qui a suivi la voie du Danube arrivant jusqu'aux frontières de la Pannonie[1], pour répandre la bonne semence de l'Évangile sous le duc bavarois Théodon, montre quelle oeuvre, essentiellement populaire, pouvait sortir de cette propagation.

Et puis, voici que, continuateur de ces traditions, apparaît le royaume des Carolingiens et l'Empire qui s'ajoute à ce que cette royauté était avant le couronnement de Charlemagne.

Donc, l'expansion franque, sous les Carolingiens, dans ces régions n'est pas le premier phénomène créant une situation; il continue des poussées plus anciennes; il prend sous sa garde, sous sa conduite officielle, un mouvement qui avait commencé dans des conditions beaucoup plus modestes, dans des conditions qu'aucun État ne garantissait, qu'aucune armée ne défendait, qui n'étaient protégées par aucune autorité.

---

[1] La Vie de S. Remi (dans dom Bouquet, p. 373) fait venir les Troïens par cette voie : „finitimas Pannoniae partes secus meotidas paludes".

Mais, au moment où les Carolingiens de Charlemagne prennent sous leur conduite cette expansion de l'Occident sur la vallée du Danube, ils se trouvent devant un adversaire nouveau. Cet adversaire ce sont les nouveaux „Huns", les Avars.

Entre les Huns et les Avars, malgré la distinction, de pure forme des chroniques byzantines, il ne faut pas faire de séparation; il n'y a pas eu de population nouvelle arrivant de la steppe pour se substituer, en Pannonie, là où avait existé le palais d'Attila, à une domination asiatique antérieure. Les Avars sont une des parties constituantes de l'ancien Empire hun. Leur nom peut être facilement interprété, de même que celui des Bulgares, en tenant compte de la finale -ar qui est de pluriel; il doit signifier quelque chose comme „les braves", „les hardis".

Mais les Avars représentent beaucoup plus que les Huns du V-e siècle leur race. Il n'y a plus d'éléments germaniques qui puissent être compris dans une nouvelle confédération; ces éléments se sont déjà écoulés vers l'Occident. Les sujets étrangers du khagan des Avars sont d'autres barbares, les Slaves. Car il faut admettre ici encore un caractère double: une classe dominante appartenant à l'ancienne race hune et une classe soumise, représentée par les Slaves de la Dacie et de la Pannonie.

Ni les uns, ni les autres n'ont cherché à faire disparaître les restes de l'ancienne vie sur le Danube moyen. Cette ancienne vie qui garantissait le commerce est restée la même qu'au IV-e et au V-e siècle et, pour preuve, on retrouve—ainsi que l'observait déjà Jung—les annciens noms du V-e siècle. Dans la Vie de Saint Séverin, il est question d'une ville qui s'appelle

Comagène; elle existe encore au IX-e siècle. De même Sabaria figure dans les Annales franques.

Comme à l'époque hune on peut apercevoir, sous le gouvernement d'Attila, une vie culturale assez développée, contenant des éléments très variés, dont quelques-uns sont assez supérieurs, si on avait une description d'ambassade, comme celle de Priscus pour le VII-e siècle, on trouverait, pour les Avars, une situation de tous points correspondant.

Ce ne sont pas les Avars qui ont détruit la civilisation dans ces régions; ce ne sont pas eux qui ont interrompu la communication par terre, par cette voie du Danube, entre l'Occident et l'Orient.

L'ancienne situation, qui n'avait pas été dérangée par toute une série d'invasions, existait encore au IX-e siècle. Elle a été détruite d'abord par la longue guerre entre l'Empire carolingien et entre les Avars, cette guerre qui a été plusieurs fois reprise et qui n'a' été terminée que par la destruction de l'Empire de ces khagans[1] ou khans, puisque, cette fois, il n'y a pas un fonctionnaire byzantin à la tête de ses Touraniens, mais un chef portant son grand titre asiatique.

Mais, pour amener le dernier khagan indépendant à la soumission définitive, pour permettre à Charlemagne d'imposer un autre de sa propre création[2],

---

[1] Cf. *Géographie d'Édrisi*, Paris, I, 1836: „Chez les Turcs, les Tibétains et les Khazars le roi s'appelle khakan" (p. 173).

[2] Annales d'Éginhard, année 795: „Venerunt ad eum legati de Pannonia, unius ex primoribus Hunorum qui apud suos tudum vocabatur. Is et suum adventum et se christianum fieri velle promisit" · Année 805: „Capcanus princeps Hunorum propter necessitatem populi sui imperatorem adit, postulans sibi locum dari ad habitandum [erat enim capcanus in Christi baptismo nomine Theodorus; Adhémar de Chabannes, II, 18], inter Sabariam et Carnuntum, qui propter infestationem Sclavorum in pristinis sedibus esse non po-

il a fallu aussi ruiner ce noyau d'ancienne civilisation traditionnelle, qui s'était conservée pendant des siècles du côté du Norique et de la Pannonie.

Ce n'est pas le premier cas où la barbarie conserve et où la civilisation détruit. La barbarie, dans son indifférence, ne s'attaque pas aux principes de la vie, tandis que la civilisation, parfois égoïste, poursuivant ses buts avec opiniâtreté, arrive à détruire les sources mêmes de profit qu'elle veut gagner pour soi-même.

L'action de l'Empire carolingien dans ces régions de la Pannonie a créé effectivement un désert [1].

Dès 791 on ne brise pas seulement le **vallum**, on le „dépouille" [2]. Le „pont sur le Danube" [3], pont de barques, construit en 793, servait aussi à faire écouler le butin.

Éginhard, du reste, le dit, aussi dans cette „Vie de Charlemagne" qui était destinée à élever dans la mémoire des générations suivantes la personnalité du grand empereur. Il raconte que les trésors accumulés pendant des siècles dans cette Pannonie, dans le **campus** ou ring, ont été emportés par les Francs, que jamais ils n'avaient remporté un tel butin, que ce que les Avars avaient pris à l'égard des autres nations a été compensé à ce moment. Il en est resté un „désert" [4].

---

terat. Quem imperator benigne suscepit et, precibus ejus annuens, muneribus donatum redire permisit. Qui rediens obiit... Et misit caganus unum de optimatibus suis, petens sibi honorem antiquum quem caganus apud Hunos habere solebat. Cujus precibus imperator adsensum tribuit et summam totius regni juxta priscum eorum ritum caganum habere praecepit."

[1] Mentionné aussi par la chronique de Réginon.

[2] Annales Einhardi : Expoliaverunt ipsum vallum".

[3] *Ibid.*: „In Baioaria sedens [Karolus] pontem navalem quo in Danubio ad id bellum uteretur, aedificavit".

[4] „Vacua omni habitatione Pannonia et locus in quo regia ka-

Et telle chronique du moyen-âge, celle de Simon de Durham, mentionne même le nombre, de quinze, des chariots à boeufs caractéristiques pour toute cette région du Danube moyen et inférieur, qui mènent l'or du trésor des Avars vers la résidence d'Aix-la-Chapelle de l'empereur conquérant[1].

Le commerce danubien fut cependant favorisé par les nouveaux maîtres carolingiens, et en 793 déjà Charlemagne avait essayé, par le canal de deux mille pas de longueur et trois cents pieds de largeur, entre Rednitz et Altmühl, de mettre en communication le Rhin avec le Danube[1].

Il a fallu un autre phénomène pour mettre fin au commerce de terre, au commerce continental à travers l'Europe centrale, le long du Danube.

Ce nouveau fait, une autre invasion, n'est pas la pré-

---

gani erat ita desertus ut nec vestigium quidem in eo humanae habitationis appareat. Tota in hoc bello Hunorum nobilitas periit, tota gloria decidit... Neque ullum bellum contra Francos exortum humana potest memoria recordari quo illi magis ditati et opibus aucti sint... Hoc Francos Hunis juste eripuisse quod Huni prius aliis gentibus injuste eripuerunt." Cf. Annales du même, 796 : „direptis paene omnibus Hunorum opibus". Annales Laurissenses : „hringum spoliavit..., thesaurum priscorum regum... Carolo regi... misit".

[1] D'après Huber, ouvr. cité, I, p. 79.

[2] Cum ei persuasum esset a quibusdam... quod, si inter Radantiam et Alomonam... fossa duceretur quae esset navium capax, posse percommode a Danubio in Rhenum navigari..., confestim cum omni comitatu suo ad locum venit ac... totum autumni tempus in eo opere consumpsit. Ducta est itaque fossa... 2 000 passuum longitudine, latitudine 300 pedum, sed incassum. Nam propter ingentes pluvias et terram, quae palustris erat, nimio humore naturaliter infectam, opus quod fiebat consistere non potuit; Annales d'Éginhard.

tendue domination bulgare. Il y a bien, dans les Annales d'Éginhard, à la date de 827 [1], la mention que les Bulgares sont venus attaquer les Slaves établis en Pannonie, que leur flotte est entrée par la rivière de la Drave, qu'ils ont dévasté avec le fer et le feu tout ce qui s'y trouvait, chassant les ducs-voévodes slaves, remplacés par des „rectores bulgarici", par des „commandants bulgares".

Les Slaves dont il s'agit en ce moment, ce sont les Moraves, qui, après la mort de Charlemagne, après les discordes qui avaient éclaté entre ses fils et ses descendants, avaient fondé, avec les formes franques, un État appartenant à leur race. Les chefs slaves s'appellent voévodes, c'est-à-dire „commandants d'armées" d'après les ducs francs, leurs prédécesseurs. La forteresse de ces Slaves, le **grad,** n'est que la continuation du **burg** carolingien, et, lorsque la notion royale s'introduira chez les Slaves vivant de cette vie voévodale, le nom du roi sera celui de Charlemagne lui-même, **Carolus** devenant **kral.**

Ces Slaves de Moravie, ayant des relations plus étroites avec ceux de Bohême et des relations plus faibles avec les Slaves de Dalmatie et de Liburnie, ces Slaves, soumis déjà à l'autorité de Charlemagne, n'ont pu se maintenir sous une forme vraiment royale.

On parle de rois de Moravie. Il y en a même toute une série, mais c'est un titre attribué plus souvent gratuitement à des chefs d'un caractère très vague, quoique aucun de ces rois moraves n'ait été couronné. Quelquefois, jusque bien tard, l'Empire a

---

[1] Bulgari quoque Sclavos in Panonia sedentes, misso per Dravum navali exercitu, ferro et igni vastaverunt et, expulsis eorum ducibus, bulgaricos super eos rectores constituerunt.

protesté contre toute nouvelle création locale de rois.
Il considérait toute royauté de création spontanée
comme une usurpation. Il ne pouvait y avoir que la
royauté germanique, de souche carolingienne; tout ce
qui ne venait pas de là, ou n'était pas une royauté
de second ordre créée par le descendant même de
Charlemagne et, plus tard, par le Pape, était „illé-
gale". De sorte que le „royaume" morave, avec ses
chefs, n'était pas plus „royal" que le „royaume" d'Attila et que bien d'autres formations qu'une tradition
historique approximative à affublées de ce titre.

Jamais cette Moravie ne s'est consolidée. Malgré les
prédications, malgré les influences venues de Byzance,
elle a toujours été un État provisoire, s'appuyant sur
des souvenirs francs et ouvrant des perspectives à
d'autres aventures barbares, pouvant créer, elles au
moins, quelque chose de nouveau à la place de l'État
avar, qui avait bien représenté une réalité politique,
militaire, économique, sur la base de cette ancienne
population si éprouvée par les campagnes de Charlemagne.

De leur côté, les Bulgares n'ont fait qu'établir des
postes avancés en vue d'obtenir des profits de douane,
de rançonner un commerce qui existait encore dans
cette région de la Drave et du Danube moyen.

Une vraie domination bulgare dans ces régions n'a
jamais existé. Mais ensuite, à la fin du IX-e siècle,
il y a eu l'apparition des Magyars ou des Hongrois.

Cette fois, il n'y a aucune formation d'État: c'est seulement la bande, la bande dominée par des chefs
de guerre, par des découvreurs de butin, la bande qui
n'a aucune orientation, qui ne poursuit aucun but et
n'entend pas se tenir dans des limites géographiques.

C'est pourquoi, sans établir ce que les Huns, ce que les Avars auparavant avaient établi comme base, le flot de l'invasion hongroise déferle vers l'Europe Centrale, avance, à plusieurs reprises, en Italie, pénètre jusqu'au milieu de la France florissante du X-e siècle [1].

Pour avoir une forme politique, il faudra que les nouveaux envahisseurs recourent à cette population slave, à cet „État" morave, détruit en collaboration avec le monde germanique du roi germanique Arnulfe, mais dont les éléments sont restés pour former la base même de la civilisation magyare au moyen-âge.

Toutes les notions de culture viennent, en effet, de ces formes slaves, dont les Magyars établis en Pannonie ont hérité. Mais, avec leurs voévodes de création slave, avec leurs premiers propagateurs du christianisme, qui venaient avec un évêque consacré à Constantinople, ils ne sont pas arrivés jusqu'à la fin du X-e siècle à former un État. De sorte que sur la place ravagée par les luttes des Carolingiens contre les Avars, sur la place où la Moravie n'était pas arrivée à former une organisation solide, il y a maintenant un campement de Magyars, mais ce n'est qu'un point de départ pour les hordes qui envahissent le centre, l'Ouest et le Sud de l'Europe. Il n'y a pas encore une puissance politique organisée, entrée dans l'ordre chrétien, le seul qui permette à une nation de rester dans la société du moyen-âge; autrement, c'est une horde qui passe. On n'a pas encore de formation d'un ca-

---

[1] Voy. le livre, déjà très ancien, de Dussieu, *Essai historique sur les invasions des Hongrois en Europe et spécialement en France* („Mémoires de la société bibliophile historique"), Paris 1839.

ractère permanent, permettant de rétablir ce que les bandes du IX-e siècle avaient détruit.

Ces incursions magyares étaient-elles toujours faites à l'aventure ? L'histoire, beaucoup mieux connue, de l'établissement en Europe des Turcs ottomans peut donner une réponse. On a présenté trop souvent ces derniers comme des bandes envahissantes ayant pour simple but le butin, sans distinction de territoires, sans préférence, en ce qui concerne les nations qu'ils auraient attaqués. J'ai montré dans mon „Histoire de l'empire ottoman" que les Turcs poursuivent un but unitaire, et à savoir sur certaines voies. Ils n'auraient pas pu aller partout, étant donné ce qu'on pouvait leur opposer: leurs petites bandes auraient été facilement détruites par les Serbes; les Bulgares du XIV-e siècle, tout en étant en déconfiture, représentaient quand même un force militaire capable de s'opposer à cette invasion. Mais les envahisseurs dans les Balcans suivaient les grandes voies, continuant cette mission de pillards qu'ils remplissaient auparavant à travers l'Asie, lorsqu'ils guettaient les caravanes pour prélever leur gain.

On peut se demander si les pillages, si les incursions répétées des Hongrois pendant tout le IX-e siècle et une partie du X-e siècle, qui ont formé le phénomène le plus terrible des troubles européens pendant cette époque, n'étaient pas orientés dans certaines directions. Je crois qu'ils poursuivaient un but identique à celui que poursuivaient les Turcs ottomans dans la péninsule des Balcans: ils avaient en vue la voie de commerce. Ils la dépouillaient avant de la dominer; ils ne sont jamais arrivés à la dominer, mais la dominer était dans leurs intentions, jusqu'au fond de l'Italie.

Tout de même le commerce de l'Europe Centrale en restera en grande partie paralysé jusqu'au commencement du XI-e siècle, au moment où le duc, le voévode magyar à la mode slave devient Étienne, roi apostolique, ayant mission de croisade.

Et alors l'héritage du commerce continental doit passer à ces républiques italiennes qui retiennent tout le mouvement économique de l'Europe et le dirigent par leurs relations avec l'Empire d'Orient, relations que je chercherai à préciser, vers les régions byzantines et vers la Syrie des croisades.

L'opinion admise consiste à admettre une Venise en pleine éclosion spontanée, trouvant tous ses moyens un peu par elle-même. C'est une opinion absolument erronée; et suivre directement sur les sources les origines du commerce nous paraît plus utile que de discuter, comme on l'a fait pendant longtemps, sur des questions plus ou moins oiseuses, comme celle de savoir quels ont été les vrais rapports théoriques avec la politique byzantine, que de s'évertuer à fixer le moment exact où les Vénitiens ont eu le sentiment d'indépendance[1],—et on peut se demander en quoi ces questions d'indépendance, qui nous passionnent tant à notre époque, avaient le même sens au moyen-âge, si on se sentait bien humilié d'appartenir d'une façon théorique à tel ou tel État qui résumait la vie politique de l'époque.

Il est bien vrai que l'Empire d'Orient a été toujours un Empire maritime; il se soucie très peu de certains éléments de domination continentale.

---

[1] Voy. Eduard Lentz, *Das Verhältnis Venedigs zu Byzanz nach dem Fall des Exarchats bis zum Ausgang des IX-ten Jahrhunderts, 1. Theil, Venedig als byzantinische Provinz*, Berlin 1891.

Les Balcans pouvaient vivre leur ancienne vie sans que les Impériaux se mêlent de choses qui ne les regardaient pas, parce qu'ils n'en profitaient pas. Car, à cette époque, on ne s'occupait pas de choses qui n'amenaient pas aussitôt un profit.

Depuis quelque temps cet Empire maritime était gêné par la piraterie musulmane. Mais un moment est venu, au cours du X-e siècle, où il a pu reprendre la domination de la mer, sous deux empereurs surtout, les empereurs de croisade byzantine.

Par une série d'expéditions accomplies par Nicéphore Phocas, et Jean Tzimiskès, on est arrivé, non seulement à regagner la situation perdue en Syrie, mais à déloger les Arabes des nids où ils s'étaient fixés et à empêcher leurs incursions ultérieures. La mer est devenue de nouveau libre.

C'est un fait d'une importance tout à fait exceptionnelle. Ceci pouvait remplacer la disparition momentanée de la voie de commerce de terre à travers l'Europe centrale.

Cette mer redevenue libre était à la disposition d'un Empire qui avait tous les moyens d'entreprendre un commerce très actif. J'ai déjà signalé dans une conférence précédente que la vie corporative en Occident a cessé dans la plupart des régions où elle existait d'une manière si vivace à l'époque romaine, tandis que les corporations ont toujours existé en Orient, où elles vivaient dans la conscience même des masses populaires. Et, alors, rien n'est plus naturel que l'envahissement de l'Europe centrale et occidentale par les marchandises byzantines transportées à travers les mers purgées de pirates.

Quant à Constantinople on recevait l'envoyé de l'empereur d'Occident Othon I-er, qui était considéré comme un simple „roi des Lombards", l'empereur Nicéphore n'oubliait pas de relever que les Occidentaux, malgré le titre d'empereur, dont ils se targuaient, n'avaient pas de vaisseaux, qu'il n'y a qu'une seule flotte au monde, celle qui lui appartient à lui. L'envoyé d'Othon pouvait se moquer du costume archaïque que portait par dénuement l'empereur de Byzance, l'ayant trouvé dans la garde-robe de ses prédecesseurs, il pouvait se moquer de la nourriture médiocre, coutumière dans tout l'Orient, mais il se faisait dire, en échange, qu'il n'y avait qu'une flotte au monde et que la mer appartenait à celui qui avait cette flotte.

En même temps, d'autres choses se passent dans la péninsule des Balcans. Il n'y a pas pour le moment, à la fin du X-e siècle, une domination d'Empire. L'empereur est occupé ailleurs, à son oeuvre de récupération asiatique et maritime. Mais, cependant, des forces s'organisent dans cette péninsule qui doivent dépendre de quelqu'un capable de les représenter et de les défendre.

Dans la Croatie, la Dalmatie, il y a quelque chose de nouveau qui se forme.

On dit habituellement: il y a l'État croate. Après avoir présenté un vrai État morave, royal, aux IX-e et X-e siècles, en voici un autre reconnu par les historiens.

Il y a bien des documents qui concernent ces rois de Croatie, aux noms chrétiens, accouplés à leurs

---

[1] Cf. Ludmil Hauptmann, *Die bestimmenden Kräfte der kroatischen Geschichte im Zeitalter der nationalen Herrscher*, dans les „Mitteilungen des öst. Instituts für Geschichtsforschung", XI, 1924, p. 1 et suiv.

vieux noms slaves de Zvonimir ou Créchimire[1]; on préférait ceux de Pierre, d'Étienne, empruntés à l'Occident et surtout à l'Église romaine. Avec les listes de témoins qui figurent dans ces documents on réussit à se rendre compte de l'organisation intérieure de cet État.

Mais on n'oublie qu'une chose, que cet État de Croatie a disparu avant d'avoir pu, du reste, comme l'État de Moravie, se former une politique définitivement fixée.

De fait, il était, comme Venise à ses débuts, une dépendance théorique de l'empereur constantinopolitain[2].

Telle était la situation de ce roi qui était un roi pour ses sujets, qui est arrivé à être un roi pour le Pape, bien que le Pape ne lui eût jamais envoyé de couronne, comme il l'a fait pour le chef des Hongrois, St. Étienne.

De leur côté, les Vénitiens, qui se trouvaient sur l'autre rive de la Mer Adriatique, se rendaient bien compte que cet État n'était pas un obstacle fixe devant leur expansion; c'était une porte qu'on pouvait ouvrir très facilement pour entrer par cette voie dans la péninsule

On commence déjà à voir quels sont les éléments

---

[1] En 1059 paraît ce roi Créchimir, „des Croates et des Dalmates" à Biograde : „Cresimir, Chroatorum rex Dalmatinorumque, qui alio nomine vocatur Petrus" (Rački, *Codex diplomaticus*, pp. 62-63). Cf. pp. 65-67. En 1076 „Dimitrio qui et Svonimir rege" *(ibid.*, pp. 104-105).

[2] En effet en 1066 le roi croate ajoute à ses diplômes cette indication : „Duka, in partibus Constantinopoleos imperante" (Rački, loc. cit., p. 67). Mais le neveu de Créchimir, le fils d'Étienne, s'intitule en 1069 „divina gratia largiente"; *ibid.*, p. 72). Ils prétendaient tenir leur droit de l'élection populaire : „concordi potius cleri et populi electione" ; *ibid.*, p. 211.

qui doivent former Venise, grande, maîtresse du commerce de l'Orient.

L'apparition de Venise comme facteur essentiel de commerce à la fin du X-e siècle, à l'époque glorieuse de Pierre Orseolo, est due donc d'abord au fait que la Mer Méditerrannée est redevenue libre, que, la voie du Danube étant interrompue, tout le commerce des régions occidentales descendait par les Alpes vers la ville qui s'était lentement formée, d'établissements modestes, sur les lagunes.

Puisque l'ancien commerce ne peut plus se diriger sur les voies de l'antiquité, les voies romaines, il prend de biais et Venise résume ainsi un certain nombre de voies occidentales et les emploie, par ses possibilité de commerce maritime, dirigées vers Constantinople.

La voie balcanique elle aussi demandait à être remplacée par l'intermédiaire vénitien.

L'État bulgare en était arrivé à des prétentions impériales intolérables. On aurait pu le détruire de deux façons: par la force ou bien par la civilisation et par le christianisme. Il y a eu d'abord une invasion de christianisme oriental et de civilisation grecque, de sorte qu'un des „chefs" des Bulgares, Siméon, est devenu un César de prétention, pas de réalité, tendant à conquérir Constantinople. Mais Byzance s'est bientôt aperçue que, par cette christianisation et cet intérêt à la civilisation byzantine, le Bulgare devenait un concurrent dangereux.

On a employé alors l'autre moyen. On a eu recours aux Russes de Kiev pour envahir cet État bulgare de deux côtés. Et l'„Empire" rival a été détruit pour que les Russes eux-mêmes, qui voulaient reprendre le rôle des Bulgares, fussent chassés plus tard de la Silistrie danubienne, dont ils voulaient faire le centre de leur domination s'exerçant sur les Balcans eux-mêmes. Or, de cette façon les voies commerciales de ces Balcans ont été délivrées de l'ancienne menace bulgare.

A côté de la mer libre, il y a eu désormais des communications continentales à travers la péninsule, qui sont devenues libres.

Il est vrai aussi que, peu après la disparition de l'État bulgare de la Mer Noire, il y a eu du côté de la Macédoine une révolte des populations écrasées par les impôts. Byzance administrait mal, comme la Rome de la décadence auparavant; il y eut donc un soulèvement des Albanais, des Slaves, qui n'étaient pas des Bulgares. On prit bien l'étendard de la Bulgarie disparue, mais parce que c'était une légitimation, parce que cela donnait une tradition d'Empire et surtout l'appui d'une Église [1].

Mais cet autre État, formé, dès la fin du X-e siècle, à Ochrida, donc au Sud de la Croatie, tenait la voie de Durazzo à Constantinople. Et il a fallu toute l'énergie de l'empereur Basile II pour que cette nouvelle formation contre Byzance disparût.

Dorénavant toutes les voies balcaniques sont libres. Du reste, Venise était presque byzantine. Dans la péninsule des Balcans, elle n'était pas donc sujette de Byzance, elle était une partie constitutive du monde byzantin. La question ne doit pas être posée de cette façon : Quelle est la dépendance exacte d'un État vénitien italien envers l'empire byzantin, mais: Quelle est la situation de l'élément vénitien dans le monde

---

[1] Voy. notre ouvrage *Formes byzantines et réalités balcaniques* Paris, Gamber, 1922.

byzantin auquel les Vénitiens appartiennent sous tous les rapports?

Ces rapports sont très visibles; on n'a qu'à prendre les anciennes chroniques authentiques de Venise,—non pas les chroniques qui peuvent donner les matériaux pour des développements romantiques, pour les grands tableaux colorés, comme on voudrait en avoir pour cette Venise qui a eu des débuts très humbles. On y trouve les „Romaniae" populaires comme un peu partout.

Au commencement, de petits groupes de pêcheurs, de navigateurs, dans plusieurs Vénéties, et plus tard encore le langage officiel ne disait pas: Venise, mais bien: les Venise, les **Venetiae**. Il y a des noms de pastorale comme Agnello; des „juges" apparaissent, comme le „judex Marianorum" [1]; le Conseil est celui des organisations populaires de partout; le Sénat commence par être la simple assemblée des vieillards. Et, par dessus cette romanité populaire qui se conserve, très plébéienne et pittoresque, encore aujourd'hui dans les murs, par dessus les grands palais aristocratiques, représentants des splendeurs du XIV-e et même du XV-e siècle, une autre influence s'est établie: l'influence exclusive de la civilisation byzantine.

On n'a qu'à examiner les noms des chefs de cette République,—et, au lieu de ce titre, qui appelle des organisations d'un caractère beaucoup plus avancé, je dirais plutôt, comme les anciens de là-bas: „communauté", communitas, pour rencontrer Byzance. Ils s'appellent Justinien, Démètre, Romain; un autre fait partie de la famille des Caloprini; Obelerio rappelle l',,obélos" grecque, la broche; les Candiani sont des gens

___
[1] Jean le Diacre, éd. Monticolo, p. 113.

de Candie. Les termes géographiques qu'on retrouve dans les pages de cette même chronique de Jean le Diacre sont grecs: comme, dans les noms de personnes, on dit „Basilius" et „Vasylius", on ne dit pas Bari, la ville italienne qui, à un certain moment, avec Venise, dut secourir les Byzantins contre les incursions des Arabes dans le voisinage de la Sicile, aussi jusqu'à Grado[1], mais: Vari[2]. Les Bulgares sont des **Vulgari**, leur pays un „vulgaricum regnum", leur chef le „vulgaricus rex"[3].

La rive opposée, défendue par ces Narentains, successeur des anciens pirates illyres— tel doge baptise leur chef[4], — est un Sclavonia, un „Sclavorum ducatus"[5]. Et, lorsqu'on suit la biographie et l'histoire de l'administration de ces ducs à la façon byzantine, de ces doges, on les voit venir parfois de Constantinople, qui peut les déposer[6], aller s'initier là-bas à la civilisation de l'Orient, maintenant toutes leurs attaches avec la Cour, très fiers d'avoir des titres byzantins: spathaires, comme Obelerio, protospathaires, hypates, comme Justinien. C'est de là que leur vient le titre de „glorieux ducs"[7].

Lorsqu'on leur donne la qualité de consuls, ils l'invoquent dans leurs titres, et ceci représentait un grand honneur. Tels rejetons de doges vénitiens

---

[1] *Ibid.*, p. 121.

[2] Sandan, Sarracenorum princeps, qui in varensi urbe jamdudum captus; *ibid.*, p. 123. Secours vénitien en Sicile (820), p. 109. Cf. *ibid.*, p. 114.

[3] *Ibid.*, pp. 132-133. Ajoutons: Preconisum, Sumatrapi, p. 136; le palais Yconomium à Constantinople, p. 168.

[4] *Ibid.*, pp. 109-10, 125.

[5] *Ibid.*, pp. 1 6-107. Un „Sclavorum rex", Étienne, p. 171.

[6] *Ibid.*, p. 105.

[7] *Ibid.*, pp 103, 106-107, 132.

reviennent de Constantinople mariés avec une princesse
grecque, comme le fils du doge Pierre avec la fille
d'Argyropulo [1]. Et, dans la chronique de Jean le Diacre, cette „domina Maria Greca, ductrix", enterrée à
S. Zacharie, dont on rappelle l'origine impériale, mar-
que un moment important dans le développement de
la République.

On avait bien le sens d'une dignité toute particulière
appartenant à la République,— un document de 1097
parle de l'„honor nostri mercati et totius nostrae pa-
triae, Romaniae", mais cependant cet „honor" n'était
pas un „honneur" d'indépendance. Du reste, le doge,
comme Justinien, s'intitule consul impérial et délégué
d'un souverain dont il donne tous les titres: „imperialis
hypatus et Venetiarum dux, per revelationem domini
nostri omnipotentis et jussione domini serenissimi Im-
peratoris seu et conservatoris totius mundi Leonis"[2];
ses décrets sont donnés d'après l'année du règne de
l'empereur [3]. On avait plutôt le sens que la vie économique des Balcans n'appartient pas à Constantinople,
mais à Venise, aux Vénitiens. Les privilèges qui leur ont
été accordés montrent qu'ils formaient une partie in-
tégrante de l'Empire. S'il y avait eu de pures relations de traités, elles auraient été plus fréquentes;
on serait revenu sur ces conventions dans lesquelles
on n'aurait pas changé seulement les taux des droits
à payer. Mais on retient toujours le type de privilège
donné dès le commencement. Byzance peut varier

---

[1] *Ibid.*, p. 168. Leur fils fut baptisé Basile d'après „l'avunculus"
(ibid., p. 169).

[2] Tafel et Thomas, *Urkunden*, p. 2.

[3] Imperante d. Romano, gloriosissimo imperatore, anno autem
imperii ejus XXIII" *(ibid.,* p. 19).

dans ses relations avec l'étranger, mais elle a l'habitude de ne pas varier pour ses propres sujets.

Venise est tellement byzantine qu'au commencement de la croisade elle n'a pas donné de la même façon que les autres Républiques italiennes. La Syrie de l'offensive latine ne lui appartient pas; elle ne veut pas gêner, offenser l'empereur; elle n'entend pas perdre une situation qu'elle s'est gagnée et qu'elle veut exploiter; elle reste attachée en parasite bien nourri à Byzance.

S'il y aura un conflit au XII-e siècle entre elle et l'empereur, ce n'est pas à cause de Venise, mais à cause d'autres faits. Après Basile, le restaurateur, il y a eu pendant une dizaine d'années une interruption de l'activité rénovatrice dans la nouvelle Byzance. On a essayé des empereurs militaires. Isaac Comnène a été le premier: la dynastie n'a pu s'imposer à ce moment; il y a eu même une situation dénuée d'autorité et de prestige, en Asie Mineure le grand danger venant des Turcs, qui arrivaient de leur ancienne patrie par l'Arménie. Troublé par des querelles de trône à l'intérieur, attaqué par les Turcs en Asie Mineure, l'Empire s'arrête.

Les Comnènes, qui sont déjà un premier essai de dynastie militaire, reviennent cependant: une famille très riche, disposant de territoires étendus, ayant avec eux toute la féodalité byzantine, —car on peut presque employer ce terme, bien que Byzance, comme les pays roumains, n'eût pas eu de féodalité hiérarchisée.

De sorte que, lorsqu'Alexis Comnène gagne le pouvoir, il le retient pour son fils Jean, qui le transmettra à son propre fils Manuel. Si la dynastie, une fois établie, ne peut pas reprendre l'oeuvre de conquêtes en Asie, c'est qu'elle en est empêchée par le danger des Normands établis dans le Sud de l'Italie. En dehors du fait que la menace turque à la fin du XI-e siècle n'est plus aussi grave: ils se sont tassés, ils se sont fait un pays, tandis que, dans le Sud de l'Italie, par l'invasion des petites bandes normandes, s'est formée une nouvelle Byzance italienne. Si des Vénitiens viennent à Constantinople et entendent dominer les marchés byzantins, ils le font comme partie constitutive de l'Empire, mais, lorsque les bandes de Robert Guiscard, de Bohémond, de Tancrède se dirigent du côté de Durazzo, elles ne le font pas comme éléments constitutifs, elles le font comme éléments étrangers à l'Empire. Les anciens sujets byzantins entendent gagner Byzance, se sentant plus forts sous le rapport des moyens militaires.

De sorte qu'il y a deux „contre-Byzances": Venise au Nord, pour tenir le marché, mais en faisant tous les gestes d'humilité dont elle pouvait être capable, et, de l'autre côté, au Sud, ce monde normand, aveuglé de la pourpre byzantine, employant tous les moyens de prestige de l'ancien Empire, utilisant des nouvelles forces pour renouveler Byzance de la même façon, que, au XIX-e siècle, les Égyptiens, avec Méhémed-Ali, avançant par la Syrie et par l'Asie Mineure, avaient la prétention de refaire l'Empire ottoman, substituant à la dynastie d'Osman celle du vice-roi égyptien [1].

---

[1] Cf. la lettre impériale écrite par Psellos à Robert Guiscard, publiée dans l' *Annuaire des études grecques*, année 1870, p. 206 et suiv.: „Je vous juge digne d'un plus grand honneur. Même nos parents les plus éloignés considèrent comme un grand honneur de nous être unis". Robert, bien que de „souche étrangère", est „greffé sur l'arbre de l'Empire grec" (il est question de la fille de Robert fiancée à un fils de Romain Digène, puis à un frère de Michel VII, le porphyrogénète Constantin Ducas).

Les croisés se présentent, et Byzance les refuse,
parce qu'au premier rang parmi eux il y a les mêmes
Normands, avant-coureurs des ennemis déclarés de
l'Empire. Mais, après que les relations, qui ne
nous regardent pas ici, entre les premières croisades et Byzance ont été établies, après que les croisés, devenus chefs d'État en Syrie, ont fait l'acte d'hom-
mage que Byzance demandait, et avait bien raison
de demander, Manuel Comnène, le troisième de la
dynastie des Comnènes, acceptant les formes occidentales pour mieux dominer les États de croisade, s'é-
tant fait chevalier pour être le maître des chevaliers é-
tablis sur des territoires qu'il considérait comme sa terre, voulut rétablir l'Empire byzantin à la façon romaine. Il désirait régir lui-même les voies de commerce,
et, comme Venise, qui avait secouru essentiellement
l'empereur dans ses luttes contre les Normands, n'entendait pas être réduite aux conditions de sujette, sans
conserver même l'avantage des grandes voies de commerce, elle a résisté.

Déjà il y avait eu un conflit entre l'Empire et ces
Vénitiens si fiers de leur fidélité à l'Empire[1]: Corfou
fut attaquée par les vaisseaux de la république, qui vi-
sitèrent Rhodes, Chios, Samos, Andros, Modon.

L'activité de Manuel Comnène doit être comprise
dans ce sens. Il veut reprendre les voies de commerce au profit direct de l'Empire. On n'a qu'à suivre
les deux grandes lignes de son action. En dehors
de sa campagne d'Asie Mineure, il veut affirmer
son droit de propriétaire sur les terres ayant appar-

---

[1] „Defensores Romaniae semper extiterunt", dit la chronique
d'Altinum *(Archivio storico italiano*, VIII, année 1845, p. 153).
Voy. p. 157: „Majorum vestigia qui semper defensores Romaniae
extiterant", *ibid.*, p. 157.

tenu aux Romains de Byzance, dès l'époque la plus
reculée. D'abord des campagnes pour garder ce qui
sera la Serbie, et aussi du côté de la Hongrie. Or
ces luttes permettaient au commerce byzantin d'arriver sur la ligne de commerce de l'Europe médiane.
Il y a eu des combats acharnés pendant une dizaines
d'années du côté de Belgrade et de Semlin, parce
que c'était la grande voie venant de Constantinople,
et la Hongrie a été réduite pendant ce temps à une
situation de dépendance à l'égard de Byzance.

Au moment où le Pape combattait Frédéric Barberousse, où les villes d'Italie s'étaient coalisées contre
les „expéditions romaines" de l'empereur et accep-
taient plutôt le drapeau byzantin[1], tout cela signifiait que
Byzance, disposant maintenant de la Voie Egnatia, entendait avoir aussi un point d'appui sur les côtes italiennes. La République de S.-Marc fera une nouvelle et
longue guerre pour empêcher cette hégémonie, qui
venait maintenant la menacer chez elle. Tel est le
rôle de Venise.

Les autres républiques italiennes ne peuvent pas
entrer en comparaison avec elle. Venise représentait
tout autre chose que Pise ou Gênes; il faut faire une
exception pour Amalfi seule.

Amalfi, ville de cachet grec, datant en grec, pronon-
çant certains mots à la grecque (**amvi, scriva, delivera-
tio**), employant la monnaie, le poids grec et arabe,
le „mancosus", le „tari", le „livre de Byzance", don-
nant des noms grecs, faisant bâtir par des Syriens
et des Constantinopolitains sa catédrale[2], c'est une

---

[1] Cf. Baer, *Die Beziehungen Venedigs zum Kaiserreiche in
der staufischen Zeit*, Innsbruck, 1888.

[2] Une „yconella" dans Camera, p. 185.

Venise avant la lettre [1], une Venise très mal placée, qui peut être conquise, et qui l'a été. Serrée entre la montagne et la mer, elle avait à sa tête un chef qui prenait, comme ceux de Venise, tous les titres possibles, et surtout des titres empruntés à Byzance. Il y a eu une succession de ducs d'Amalfi; le parallélisme entre le développement de Venise et celui de cette autre république de commerce est parfait. C'est le même système, le même type, seulement à Amalfi il y a, dès le XII-e siècle, une dynastie de ducs-patrices [2], le „duc père", le „duc fils", que Venise n'a jamais eu [3].

Amalfi a eu des comptoirs à Constantinople; elle a participé aux gains des croisades; elle était tellement célèbre par ses richesses, lorsqu'elle transmettait en première ligne à l'Occident les marchandises orien-

---

[1] Voy. la description qu'en donne Edrisi, II, p. 258.

[2] En 922 la ville est conduite par un père patrice et un fils protospathaire. En 1048 „Manso, Domini gratia dux Amalfitanorum, et Gualmarius, Dei providentia dux, idem genitor et filius", avec deux „judices" comme témoins (Camera, *Memorie della città di Amalfi*, I, Palerme 1876, pp. 111-112-128). En 1033 „nos Johannes, Domini gratia dux et imperialis patritius" (*ibid.*, p. 112). Les juges apparaissent vers 900; *ibid.*, p. 126 et suiv. „Temporibus d. Sergii et d. Mansonis, idem genitor et filius, ambo gloriosi duces Amalfie" (*ibid.*, p. 143). En 1004 „Manso, Domini gratia dux et anthipatus patricius, et Johannes, Dei providentia dux, genitor et filius" (p. 188). Aussi „Maria, gloriosa ducissa et patricissa, et d. Manso, gloriosus dux, filius ejus", en 1036 (*ibid.*, p. 244). Des cas avec un *vestis-dux*, en 1053, p. 251. — Bari a un „imperialis prothospatarius, necnon et Italie vestis" en 1073; Commissione provinciale di archeologia e storia patria, *Codice diplomatico barese*, 1897, I, p. 51.

[3] Sauf le cas d'„Ursus Bonus, dux, una cum Joanne, filio suo" (Tafel et Thomas, loc. cit., p. 19). D'après M. Musatti, *Il principato veneziano* („Nuovo Archivio Veneto", XXXIV), le doge, en tout semblable aux ducs de Calabre, de Naples, de Gaëte, d'Amalfi, avait le droit de s'associer son fils ou son frère.

tales, que l'empereur Nicéphore, se targuant d'avoir des choses dont les Occidentaux étaient dénués: les riches costumes portés à Constantinople, les aromates d'Orient et autres, on pouvait lui répondre: nous en avons aussi par le moyen des Amalfitains[1].

Seulement Amalfi avait le désavantage d'être exposée aux Sarrasins beaucoup plus que Venise: une expédition sarrasine sur les lagunes était un acte fort rare. De plus, dans le Sud de l'Italie, les Normands, s'étant établis, ne pouvaient pas admettre l'existence autonome de ce duché[2].

Si, dans les environs de la Vénétie, une force étrangère se fût implantée vers l'an 1000, jamais Venise n'aurait joué son rôle. Les Normands étaient plus forts; Amalfi a été supprimée.

Pise, Gênes se sont formées comme des centres de commerce seulement pour une activité dirigée vers l'Ouest et le Sud-Ouest africain, où elles sont des rivales d'Amalfi. Et, si, plus tard, au commencement de la croisade, elles ont eu un rôle important, exceptionnel,— la première flotte qui est venue secourir les croisés étant partie de Gênes en 1097—, c'est parce que les deux Républiques étaient dirigées vers d'autres régions: aller en Terre Sainte, en Égypte, c'était quelque chose de tout à fait naturel pour ceux qui avaient des relations avec l'Afrique des rois sarrasins.

Venise aurait joué un rôle encore plus grand si la voie du Danube ne s'était pas refaite pendant le XII-e siècle. Elle s'est refaite par la consolidation du royaume hongrois.

---

[1] „A veneticis et amalphitanis institoribus, qui, nostris ex victualibus haec ferendo nobis, vitam nutriunt suam". Ils allaient à partir de 978 jusqu'à „Babyloine" ; Camera, ouvr. cité, p. 196 et note 1.

[2] Leur nouvelle attaque en 1101 ; *Ibid.*, p. 327.

. Aussitôt que le roi a été chrétien, qu'il a eu la mission de convertir les païens et les schismatiques, l'héritage des Carolingiens passant à la royauté hongroise, aussitôt que la Hongrie a traversé sa grande crise, la lutte entre le parti païen qui ne voulait pas se soumettre à une nouvelle politique chrétienne et entre ceux qui entouraient St.-Étienne et ses continuateurs, la voie centrale de l'Europe a été reprise.

Dans la chronique d'Adhémar de Chabannes on voit les premiers pèlerins venus de France se diriger vers le roi Coloman de Hongrie — Guillaume d'Angoulême passant par la Bavière et accueilli avec amitié par Étienne, roi de Hongrie[1], puis l'abbé Richard, peut-être aussi le comte d'Anjou, Foulques, avec les évêques de Poitiers et de Limoges, — et, lorsque les croisés, à la fin de ce XI-e siècle, ont cherché une voie, ils ne se sont pas adressés à Venise.

Venise n'a été donc que beaucoup plus tard un port de croisades, quand les choses d'Orient ont pris un autre caractère. Au commencement, il y avait, sauf Marseille pour les Provençaux et les ports de Sicile pour les Normands, une voie, celle de l'Europe centrale, par laquelle on pouvait se risquer.

Si, après Pierre l'Ermite, les croisés appartenant à la grande noblesse d'Occident se fussent adressés à Venise, elle leur aurait demandé l'autorisation, la patte blanche byzantine formelle. Alors la croisade a dû prendre d'abord le chemin de la Hongrie.

Cette Hongrie a gagné d'importance par toute cette action militaire qui passait sans cesse par ses terres.

---

[1] Per Baioariam... magna caterva militum... Stephanus, rex Ungriae, cum omni honore eum suscepit et muneribus ditavit, III, 65, 189.

Elle en est arrivée à avoir une ambition plus grande. La Croatie ne pouvait pas se maintenir: elle devait appartenir ou à Venise ou à la Hongrie.

Les sujets maritimes du roi croate n'étaient pas seulement des Slaves; il y avait aussi une population romane qui s'était maintenue pendant longtemps avec sa langue particulière, avec ses institutions spéciales[1].

Les îles de Veglia, d'Arbe et ensuite toutes les cités de la côte, Spalato, Traù, Zara, Biograde, se sont adressées donc dès 1075 ou 1076, puis en 1096, à Venise pour lui demander d'être acceptées. Le doge dut demander la permission de Constantinople pour consentir à être en même temps duc de Croatie et de Dalmatie[2]. Dandolo reconnaîtra tenir ses droits des empereurs Basile et Constantin, de même que de la volonté librement exprimée des indigènes[3].

Si la Hongrie n'avait pas hérité des rois croates, si elle ne s'était pas consolidée, si elle n'était pas descendue, dès le commencement du XI-e siècle, du côté de la Mer Adriatique[4], tendant la main aux Normands,

---

[1] Voy. dans Lenel, *Dandolo*, p. 112 et suiv., les „judices", les „tribuni, judices et aliorum multitudo adstantium", le „judicatus", le „miles judicii", différents *iudici* et „judices", surtout d'après la chronique d'Altinum. Dans le „Codex diplomaticus" de Rački, I, p. 26, on a pour Zara des tribuns, des prieurs, des bourgeois qui s'appellent: Domnicus, Dabio, Ursana, Barbo.

[2] Le titre de duc de Croatie date de 1094 (Lenel, ouvr. cité, p. 101). Pour la soumission des îles, Rački, ouvr. cité, I, pp. 32-33.

[3] „Cum permissione Basilii et Constantini, imperatorum constantinopolitanorum, a quibus reges illi sceptrum antiquitus recognoverant"; apud Lenel, *Dandolo*, p. 227. Sous Alexis Comnène un envoyé vénitien se rend à Constantinople „ut jurisdictiones Dalmaciae et Croatiae sibi ab incolis traditas obtineret, quas constantinopolitano imperio pertinere noverat, quas secundum historiographos tenuerunt"; *ibid.*, pp. 85-87.

[4] Sur le couronnement en 1102 du roi de Hongrie comme roi croate voy. Lenel, ouvr. cité, pp. 20-21.

pour essayer d'étreindre la grande Venise entre les
deux bras de cette coalition et de l'écraser [1], la république aurait eu, à l'égard des Comnène aussi, un
rôle beaucoup plus grand. Pressée de deux côtés,
elle a été alors contrainte d'employer la force, au commencement du XIII-e siècle, pour se saisir de la Dalmatie et en même temps pour mettre la main sur
cette Constantinople qui la reniait, chassant, à la fin
du XII-e siècle, les marchands latins de la capitale
pour échapper à leur emprise, à leur domination.

Cette Venise que Manuel Comnène voulait détruire
chez elle en l'appauvrissant, cette Venise que le roi
de Hongrie tendait à écarter de la Dalmatie, arrive
ainsi, au commencement du XIII-e siècle, par la croisade qu'elle a financée, qu'elle a conduite et exploitée
jusqu'au bout, à être maîtresse de Zara, puis, après
la prise de la ville impériale, par son patriarche et son
bailli, dominatrice sur les places de commerce de
l'ancien Empire „romain". Sans le vouloir, elle a-
vait atteint ce but qui est un des plus grands qui eus-
sent jamais été poursuivis par une commune du moyen-
âge.

Pour le commerce avec l'Orient ce n'était pas la
fin du conflit, naturel, entre les détenteurs de la voie
de mer, les Vénitiens, et ceux qui conservaient la voie
de terre, les Hongrois. Tout le XIII-e siècle sera occupé
de cette rivalité, dont il faut d'abord, dès 1204, la
date de l'aventure „latine" à Constantinople, préciser
le caractère.

---

[1] Le roi Coloman demanda en mariage la fille du Normand Roger; *ibid.*, p. 20.

CHAPITRE III.

Rivalité vénéto-normande et vénéto-hongroise et Empire de commerce des Tatars.

La date de 1204 est, sans doute, une des plus importantes pour le développement du commerce au moyen-âge et des rapports entre la moitié orientale et la moitié occidentale de ce monde médiéval. Mais, pour en bien saisir l'importance, il faut revenir un peu en arrière, pour voir que dans la conquête vénitienne à Constantinople il y a un peu plus qu'on n'admet habituellement, que le sens commercial de cet établissement de la République de Saint-Marc en Orient est beaucoup plus vaste qu'on ne l'imagine habituellement.

Et je commencerai par relever un fait.

D'après les expositions ordinaires de cette „quatrième croisade" on croirait que cette conquête de Constantinople par les Vénitiens est due à un simple incident, et on a discuté pendant longtemps, avec un certain profit, pour les détails, sur la déviation de la Croisade. On a dit:

Ces seigneurs du Nord de l'Italie, ces seigneurs de la Flandre, d'un peu partout aussi, qui sont accourus pour délivrer les restes du royaume de Jérusalem me-

nacé de disparaître, eux qui voulaient aller tous jusqu'
au Sépulcre du Seigneur, par quel motif ont-il été
arrêtés?

Alors on a invoqué l'intérêt des Vénitiens, qui est
évident. Les Vénitiens avaient gagné déjà en Terre
Sainte ce qu'ils pouvaient avoir, ce qu'ils étaient capables de retenir, un peu plus même, comme le fait
toujours le marchand aventurier parti pour avoir quelque chose qu'il n'aura pas acquis par sa propre valeur.

Zara, la capitale de la Dalmatie, fut arrachée au
roi de Hongrie, avec le concours des croisés et malgré
l'opposition formelle du Pape, qui lança même l'ana-
thème contre ces mauvais croisés oubliant leur but naturel pour s'immobiliser sur la côte de l'Adriatique et
pour offenser un roi ayant une mission de croisade.
La prise de Zara par les Vénitiens et leur associés
signifie en effet des croisés qui se tournent contre un
roi qui est lui-même croisé, d'une génération à l'autre:
c'est là le sens permanent de la royauté de Hongrie.

Mais pour Venise cette Zara qu'elle avait toujours
convoitée, qu'elle a dominée, qu'elle a perdue à certains moments pour ne jamais la laisser disparaître
de son cercle de vision politique, valait bien la peine
de la „déviation" d'une croisade, d'autant plus que les
dévoyés n'étaient pas les Vénitiens: c'étaient les autres, et faire dévier les autres pour en arriver à son
propre profit, c'était, au fond, la politique de Venise.
Avec la capitale de la Dalmatie on avait la sûreté de.

---

[1] De plus, des rapports de parenté existaient entre les Arpadiens
et l'aristocratie de Venise. La chronique d'Altinum mentionne le
mariage entre Léonard, fils de doge, comte d'Apsero et „ducis
Dessae filiam, qui potentior fuit in tota Ungaria". Le frère de Léonard, Nicolas, comte d'Arbe, épouse la fille du roi Ladislas (p.
159).

la domination sur la côte orientale de la Mer Adriatique. Enfin prendre Constantinople c'était avoir le quartier commercial, les „embola", les boutiques, le marché de la capitale byzantine. Le commerce, très ancien, de la Mer Noire venait de lui-même.

Et Venise s'est trouvée, à un certain moment, devant une situation qui lui permettait de faire dévier la croisade. Elle avait fait un arrangement commercial avec les Francs qui se rendaient en Terre Sainte: il fallait lui payer son dû. Mais les croisés ne pouvaient pas payer. Il y avait, d'un autre côté, un tiers qui devait payer lui aussi, l'empereur détrôné qu'on avait rétabli et son fils Isaac l'Ange et le jeune Alexis, mais, malgré tous ses efforts, ceux-là n'y arrivaient pas plus.

Cette occupation devenait une nécessité et, en aidant, en poussant à fonder l'Empire latin, il y eut une partie de cette conquête des croisés que Venise détint pour elle-même, en pleine propriété.

Sans ce passage des croisés par Venise, sans cette convention qui ne pouvait pas être exécutée, sans le refus de paiement de la part de l'empereur Isaac et de son fils, Venise n'aurait pas pris Constantinople. Un grand incident, mais un simple incident.

Pour l'histoire politique et militaire, considérer la question à ce point de vue est peut-être loisible. Mais, au point de vue des relations de commerce, ce n'est pas un incident, mais bien un moment du développement logique d'une seule et même politique.

Lors du long conflit avec Manuel Comnène, entre 1162 et 1179, il y a eu cette expédition purement vénitienne, infiniment plus importante que celle de 1204 et qui pouvait amener aussi la conquête de Constantinople. Si on n'est pas arrivé à ce résultat, la faute n'en a pas été à ceux qui conduisaient l'expédition, mais seulement à une maladie accidentelle éclatée au milieu des troupes, qui ne voulurent plus continuer la campagne. Cette chronique populaire de Venise, comprise dans la compilation qu'on appelle, d'une manière tout-à-fait illogique et défectueuse, la Chronique d'Altinum, pour certaines mentions touchant à ce point de l'ensemble de Venise qui est Altinum, nous fait bien voir les grandes illusions que se faisaient les Vénitiens en ce qui concerne le résultat possible de cette entreprise.

Venise arma, à ce moment, cent vingt vaisseaux: jamais une flotte militaire de cette importance ne s'était dirigée vers les eaux du Levant. Le doge lui-même dirigeait l'expédition, et on se rappelle qu'il ne devait pas quitter sa capitale sans une permission toute spéciale. Raguse fut occupée par un vicomte [1], l'Eubée, Chios, Lesbos, Skyros, visitées, Lemnos convoitée aussi [2].

L'expédition était déterminée par l'intention de se saisir de l'Empire de Romanie. Il y avait dès 1147 un privilège accordé par Manuel aux Vénitiens. Ce privilège, ce traité, on le prend dans ses clauses seules, sans penser aussi à la façon dont il était considéré dans la conscience même de ceux qu'il concerne.

La chronique citée renseigne sur ce point. L'empereur s'obligeait à conserver Venise comme sa propre Romanie, à aimer les enfants de Venise comme ses

---

[1] Avec la „quaedam turrris quae Imperatori erat deputata" (p. 165).

[2] Voy. F. Besta, *La cattura dei Veneziani in Oriente per ordine dell'imperatore Emmanuele Comneno e le sue conseguenze nella politica interna ed estera del comune di Venezia*, Feltre 1900.

propres fils [1], et à leur donner la Romanie entière (**Romaniam totam**) pour s'en servir eux seuls (**ut ipsi soli utantur ea in mercationibus suis**). [2]

Donc ils croyaient que l'Empire leur appartenait exclusivement, sous le rapport des relations économiques et commerciales.

Et, puisque Manuel Comnène voulait autre chose, alors, eux, ils voulaient rétablir le traité dans toute son étendue; ils voulaient se saisir de cette Romanie qu'ils croyaient leur avoir été attribuée par le traité. Ils se préparaient à marcher sur Constantinople lorsqu'intervint cette maladie et la révolte des équipages, qui ne voulaient plus poursuivre dans ces circonstances l'expédition; le doge se proposait de la reprendre, lorsqu'il fut tué à Venise par les masses populaires exacerbées d'avoir été menées dans une expédition difficile qui ne devait pas atteindre son but [3].

De sorte que ce qu'on a fait en 1204, c'est la répétition, avec une collaboration qu'on n'aurait peut-être pas désirée, utile à un certain moment, dangereuse à un autre, de ce qui s'est passé trente ans auparavant.

Après la victoire commune, si la République demande et obtient un „quart et demi de l'empire de Romanie", avec tous les ports importants de l'Empire et même certaines villes de l'intérieur comme Andrinople, qu'elle n'a pas administrée directement, mais qui, cependant, lui était réservée par le traité de partage, on ne peut pas se rendre compte du calcul exact

---

[1] Manuel dit à l'envoyé de Venise „quod Veneciam sicut Romaniam custodiret et Venetos ut filios diligeret, quibus Romaniam dare spoposuerat, ut ipsi soli uterentur ea".

[2] Pp. 162, 163.

[3] Cum clamores populi praefatus dux ferre non posset, de communi consilio Veneciam rediit; p. 167.

qu'on faisait pour déterminer ce „quart et demi", puisqu'il y avait l'Empire réel et il y avait l'Empire de droit, et je crois qu'on avait calculé de cette façon: on prenaît l'Empire de droit, mais Venise en retirait son quart de réalité. Mais, de cette façon, en ayant ces côtes, ces ports, on voulait avoir, en même temps, l'usage des voies intérieures. Du reste, l'Empire byzantin étant, avant tout, la domination de la mer et l'établissement sur les côtes, avoir ces côtes, s'assurer la domination de la mer, c'était, au fond, avoir l'Empire.

Et ce qu'on donnait aux croisés, cet Empire de Constantinople, qui était prévu, ce royaume de Salonique, qui est résulté des circonstances—Venise aurait bien occupé Salonique comme les autres ports de l'Empire byzantin—, ce n'était rien autre chose, de fait, que le risque, que le péril et que la catastrophe finale.

Ce sont eux qui doivent faire bonne garde,—bonne ou mauvaise garde, à l'intérieur. Ils continuent à rester croisés, remplissant maintenant, après l'offensive, une fonction de défensive au profit du commerce vénitien. Et même Venise s'arrange de façon à arracher à l'empereur de Constantinople le plus grand nombre de vassaux possibles, occupant toutes les places qui ne sont pas occupées par un autre.

Les Génois s'étaient établis provisoirement dans l'île de Crète après l'aventure crétoise de ce comte de Malte, Henri Piscator, „par la grâce de Dieu et du roi", c'est-à-dire du roi de Sicile, „et de la communauté de Gênes, comte de Syracuse et intime du roi", qui, suivant l'exemple des pirates arabes, poursuivait un grand rêve de large domination dans ces eaux[1].

---

[1] „In tantam namque erat datus superbiam et audaciam quod omnes circum adjcentes insulas et provincias sibi subjugare credebat." Il en est expulsé par le pirate gênois qu'on appelait le „comes Alamanus".

Venise s'arrange de façon à faire disparaître cette domination passagère génoise en Crète et, en même temps, elle prend des arrangements et conclut des traités avec tous. ceux qui peuvent lui donner un peu plus de cette domination de la Romanie.

Il y a, d'abord, dans l'île de Rhodes, un Grec, Léon Gabalas. Venise se l'attache. Car elle, qui est une communauté, un État de bourgeoisie, empiète sur le domaine féodal et devient suzeraine de vassaux. A Karpathos il y aura un autre vassal. Plus tard, un Sanudo s'établit pour lui, mais reconnaît, en même temps, l'autorité supérieure du doge.

De Corfou est expulsé le pirate Léon Vetrano. En .Nègrepont, la famille vénitienne des Carceri devient vassale de la République. Et voici un nouveau vassal, Villehardouin, qui, en collaboration avec un autre seigneur français, a établi sa domination féodale dans la péninsule de Péloponèse. En 1210, il y a aussi un traité avec l'Épire, où s'était établie la dynastie de protestation et de revanche des Ducas[1]. Et, dès 1205, Venise cherche à s'établir définitivement à Durazzo, pour dominer la Voie Egnatia. Elle perdra Durazzo, pour le reprendre, mais ne pourra pas le conserver.

Au fond, elle était Grecque. Grecque de qualité politique, sinon de langue, bien que le latin écrit à Venise au commencement du XIII-e siècle soit presque indéchiffrable, ce qu'on attribue à je ne sais quelles influences lombardes, et le langage que préfère pour sa chronique Martin de Canale est le français comme étant international. Venise, héritière de Romanie sans

---

[1] Signalons aussi qu'avant d'épouser la fille du roi normand Tancred, Pierre Ziani avait été l'époux de Marie „dukissa de dome Basiliorum" (Chronique d'Altinum, p. 197).

risques, qu'elle laissait volontiers aux chevaliers, était dans ce monde grec elle-même.

Mais il ne faut pas oublier qu'il n'y a pas que Venise pouvant réclamer des droits sur la possession de la Romanie. Il y a une autre Puissance, qui n'est pas une république de bourgeois, une organisation quelconque de citoyens, un monde marchand devenu conquérant et dominateur: c'est une monarchie, la monarchie de l'Italie, ayant une couronne royale, mais dont toutes les origines appartiennent à l'époque byzantine, dont toutes les racines plongent dans ce sol byzantin. C'est le royaume de Roger II et de ses successeurs, le royaume normand.

Ce royaume normand est arrivé, par héritage, à entrer entre les mains des Hohenstaufen, dont le chef, Frédéric Barberousse, a traversé peu avant 1204 la péninsule des Balcans en biais, se dirigeant sur Constantinople, dont il paraissait ajourner seulement la conquête, ce que Venise, son ancienne ennemie, paraissait savoir [1].

Cette dynastie germanique a réussi par le mariage de Henri VI, fils de Frédéric Barberousse, avec la princesse Constance, héritière des Deux-Siciles, à fonder cet État aux origines byzantines, au caractère pour le tiers latin, pour le tiers grec[1], pour le tiers arabe, qui a tous ses intérêts dans la Mer Adria-

---

[1] Chronique d'Altinum : „Minabatur enim imperator ille quod totam destrueret Graeciam et Graecos suo supponeret dominio" (p. 161).

[2] Roger I-er déjà avait fondé le couvent grec du Sauveur. Roger II voulut avoir un Siège métropolitain oriental. Voy. la note suivante. — Contre Henri VI Byzance conclut un traité avec Venise en 1198 (voy. Tafel et Thomas, ouvr. cité, à cette date). En échange Gênes était prête à attaquer les Grecs en 1187 (Schaube *Gesch. des Handels*, p. 250).

tique, depuis l'époque du vieux Robert Guiscard, tendant lui aussi vers la possession de Durazzo. C'est-à-dire que, lorsque Venise était du côté de l'empereur, les Normands étaient les ennemis de l'Empire, et, s'il était arrivé à Venise d'être l'ennemie de l'Empire byzantin, les Normands se seraient présentés aussitôt comme défenseurs de ce même Empire[1].

Cet État royal du Sud italien, qui a des prétentions sur l'Italie entière, ne peut pas admettre l'établissement de Venise seule comme héritière de l'Empire de Byzance, et, entre l'expédition vénitienne à l'époque de l'empereur Manuel et entre la prise de Constantinople par les Vénitiens et les croisés en 1204, les Hohenstaufen, adoptés par la dynastie normande, ont voulu risquer leur coup.

On ne dira jamais assez l'importance des projets formés par Henri VI pour la domination de l'Orient. Il agissait comme empereur, sans doute empereur qui pensait à l'ancienne unité de l'Empire, qui trouvait illogique le partage, qui se croyait représenter un droit meilleur et une forme religieuse préférable. C'était une époque où l'antiquité redevenait vivante, et on pouvait penser, comme le lui attribue une source grecque, à renouveler l'époque des Antonins et des Augustes. Son testament même contient le voeu de croisade[1]. Si ce hasard, qui a été la mort inopinée de Henri VI, n'était pas intervenu, on peut bien assu-

---

[1]. Voy. Heinemann, *Geschichte der Normanen in Unteritalien und Sicilien*, I, Leipzig 1894 ; La Lumia, *Storia della Sicilia sotto Gughelmo il Buono* et le livre d'Erich Caspar, *Roger II (1101-1154) und die Gründung der normanisch-sicilischen Monarchie*, Innsbruck, 1904.

[*] Toeche, *Kaiser Heinrich VI*, p. 271 : „cum ultra mare ire debeam".

rer que la prise de Constantinople par les croisés et par Venise aurait été impossible.

L'héritier de ces Deux Siciles, Frédéric II, étant un enfant, c'est par ce fait que Venise, échappant à la rivalité nécessaire, logique, du royaume de Sicile, est arrivé à se saisir de Constantinople et à essayer de réaliser cette théorie de la Romanie commerciale intégrale entrée sous la domination du gouvernement ducal [1].

Mais il n'y avait pas que le royaume de Sud italien capable de couper le chemin à Venise et de détruire un établissement qui se présentait, au commencement, sous des auspices si heureux et si brillants. Il y avait encore l'État hongrois établi en Pannonie.

Si on veut expliquer l'histoire de la Hongrie par le développement d'un être national, d'une force nationale, on tombera toujours d'une erreur dans une autre et on amoindrira même ce que la nation hongroise peut réclamer dans le mouvement général de l'humanité. Ce n'est pas le premier cas où on perd ce qu'on a le droit de réclamer, parce qu'on vise plus haut.

De fait, le rôle de la Hongrie a été très grand, mais en dehors de cette idée nationale, qui n'existait nulle part au commencement du XIII-e siècle.

Les rois de Hongrie, qui sont aussi de Croatie et de Dalmatie, prendront plus tard, pendant le XII-e et le XIII-e siècles, aussi d'autres titres très significatifs, ne représentant pas une réalité dans l'ordre géographique, mais qui en signifient bien une dans un autre ordre, idéologique, dont l'importance ne peut pas être

---

[1] Cf. Winckelmann, *Geschichte Kaiser Friedrichs II. und seiner Reiche*, I, 1863.

Suffisamment soulignée pour tout le moyen-âge. Des titres comme rois de Rascie, c'est-à-dire de ce pays de Ras, qui est à l'origine des formations politiques serbes, rois de Bulgarie, rois de Coumanie, sur les Coumans venus de la steppe, population ouralo-altaïque qui dominait jusque sur les bords du Danube, de sorte que la future Valachie et Moldavie, les pays roumains, figuraient, à cette époque, comme Coumanie.

En même temps, on observe chez ces Arpadiens du XII-e siècle une double ligne de conduite.

D'abord, ils cherchent des frontières bien déterminées et des frontières peuplées, garnies, au Sud.

Cet État de Hongrie, qui n'était pas limité, puisque la mission apostolique était sans bornes, pouvait bien s'étendre aussi, comme il l'a essayé, du côté de la Russie Rouge, occidentale — et il y a eu un moment où il a convoité la succession des princes et des rois de Halitsch. Les successeurs de Coloman, maître des Slaves de l'Adriatique, ont eu des relations de parenté avec les successeurs des anciens princes de Kiev; des reines de Hongrie sont venues de cette autre Russie.

Mais ce qu'on observe au XII-e siècle, c'est l'abandon de cette direction, qui présentait des difficultés à travers les forêts de la Moldavie et de la Galicie.

La tendance est maintenant vers la péninsule des Balcans, et, pour avoir cette frontière garnie, on s'en prend d'abord à la Transylvanie habitée par des Roumains, mais ayant aussi des chefs pétschénègues, qui n'y résidaient pas ordinairement, étant des dominateurs de loin, comme les Tatars plus tard. Pas des barbares à la façon magyare, détruisant le commerce par leurs raids de proie. Au contraire on voit dans la légende, rapportée par Adhémar de Chabannes, de S. Bruno.

qui se rend „dans la province des Pétschénègues pour leur prêcher le Seigneur”[1],— il devait y mourir martyrîsé—, qu'il y avait sous leur pouvoir des marchands, comme ceux qui portèrent sur un vaisseau la tête du martyr au roi Boleslas[2]. Les Byzantins plaçaient leur **Patzinakia** comme un État consolidé entre la „Turquie" magyare et la „Russie"[3].

Les Hongrois ont donc pénétré en pays transylvain, „au-delà des forêts", par certains passages des montagnes, le long des rivières, s'empressant de gagner les endroits où il y avait des mines, des salines, et ils ont employé leurs propres forces et les forces de leurs sujets pour garder ces premières positions acquises en pays étranger. Ils ont installé l'évêque et, à côté de l'évêque, le commandant militaire, d'après le système carolingien, auquel ils n'ont rien changé.

Mais ceci ne suffisait pas. La question s'est posée pour eux, au moment où ils détenaient la voie médiane du commerce européen, d'avoir à cette frontière, vers le Danube inférieur, une population capable de payer des impôts et de peupler la région qu'on leur confiait, capable même (on ne le disait pas, mais c'était bien l'intention du roi) d'un développement propre. Il fallait installer des paysans, mais des paysans venant d'un pays de villes et qui, se trouvant dans un autre pays où les villes n'existent pas, seront disposés, à la première occasion, à fonder eux-mêmes des centres urbains.

---

[1] Abiit in provinciam Pincenatorum ut eis praedicaret Dominum... Cum ad Pincenates properavisset... passus est ab eis ; p. 153.

[2] Quousque negotiatores navigio per illum locum praeterirent ; *ibid*.

[3] *Annuaire des études grecques*, IX (1875), article de Miller

C'est l'origine de l'établissement, dès le XII-e siècle, des Saxons, les „Saşi" pour les Romains, nom venant du fait que les Allemands étaient connus dans ces régions surtout comme travailleurs dans les mines, et ces travailleurs venaient de la vraie Saxe, tandis que les colons venaient des régions du Rhin et de la Moselle. C'est ce que montre bien, en dehors du témoignage des chroniques et documents, qui parlent de „Flandrenses", le dialecte même de ces Saxons de la Transylvanie et même quelques noms de localités.

Mais, en même temps, pour passer par-dessus les „solitudes", très relatives, de ces pays et arriver dans la péninsule des Balcans, les Arpadiens croyaient avec raison qu'il y a encore quelque chose à obtenir, c'est-à-dire des rapports de parenté avec le monde latin.

Et ils ont bien eu cette idée, même avant André II, le roi croisé au commencement du XIII-e siècle, de se substituer à l'Empire latin de Constantinople. Ils voyaient bien que cet Empire est un organisme incapable de vivre, qu'il aurait pu se maintenir seulement dans deux conditions: si on continuait l'émigration des chevaliers de l'Occident, de la féodalité occidentale de ce côté, — mais elle, se dirigeait, beaucoup plus naturellement, vers les États francs de Terre Sainte,— et s'il aurait eu le concours réel, sincère et dévoué du Saint-Siège, qui lui-même comptait sur les avantages que pouvait lui procurer l'Empire latin. Et, au fond, le Saint-Siège réclamait beaucoup plus que la protection sur l'Empire latin de Constantinople; c'est l'époque où il impose à Frédéric II, arrivé à la maturité, de déclarer qu'il n'entend pas retenir, en même temps que la couronne impériale, la couronne royale des Siciles, et, se rendant compte que cette fondation passagère disparaîtra, Rome, en quête d'unions religieuses, se ménageait des possibilités avec les Grecs.

Si les rois de Hongrie ne sont pas arrivés à Constantinople avec une armée réelle, avec la possibilité de secours et d'approvisionnement de leur propre domination, c'est qu'ils en ont été empêchés d'abord par la création du nouvel État bulgare.

Voici, en quelques mots, ce qu'était cet Empire et, surtout, quelle fut son importance pour le développement du commerce du moyen-âge.

La Bulgarie était une tradition, était un appui idéologique plus qu'une réalité. Si on voulait construire quelque chose contre Byzance, il fallait lui donner ce nom. La „seconde Bulgarie", s'appuyant, avant tout, sur les Albanais, les Roumains et des Slaves d'un autre caractère que celui des Bulgares, l'avait fait.

La „troisième Bulgarie" a été la création de chefs vlaques qui paraissent venir de Thessalie: Pierre, Asen et Jean (Ioniţă).

Les rebelles furent accueillis avec sympathie par tous ceux auxquels Byzance déplaisait, parce qu'elle administrait mal et qu'elle demandait des impôts lourds. Les Grecs acclamaient, malgré une certaine inimitié entre eux et les Bulgares, les gens de leur religion contre les hétérodoxes latins de Constantinople, les distinctions nationales n'ayant pas, de loin, l'importance qu'elles ont eue plus tard.

Mais le rapide essor, la prospérité, qui dura au moins un siècle, de ce nouvel Empire furent-ils dûs à l'ambition des chefs, à un certain essor de leurs sujets, à une caste militaire toute prête à combattre, à une idéologie spéciale?

Je crois qu'il n'y a ni idéologie, ni sentiment national, ni ambition des trois chefs de bergers, qui ont

déterminé la création de cet État, et de leurs fidèles.
Il faut alors s'arrêter à cette explication que le Tzarat des Asénides, dont la culmination se trouve pendant le milieu du XIII-e siècle, sous le règne de ce Jean Asen qui espérait être empereur de Constantinople, et a manqué très peu de distancer dans la course vers le même but l'empereur de Nicée venant de l'Orient asiatique, doit la plupart de ses éléments de progrès à la voie de commerce qui le traversait.

Venise, c'est la maîtresse de la Romanie, c'est la dominatrice des mers et des chemins qui partent de la mer. La Hongrie, c'est la royauté qui, en dehors de ses droits donnés par la Papauté, cherche à s'imposer aux Balcans, parce qu'elle représente l'autre voie de commerce, la voie transversale, celle de Belgrade. L'État bulgare se forme, se maintient et prend le titre impérial qu'on lui reconnaît parce que, ayant Durazzo, il domine l'ancienne Voie Égnatia, qui mène directement à Constantinople.

On peut dire qu'il y a, en dehors de ces veules Latins de Constantinople, qui ne faisaient que quémander des secours à Rome, de ce fantôme latin, qui n'a jamais eu une existence concrète, trois États parce qu'il y a trois courants de commerce reliés à trois voies.

Maintenant, près de soixante ans après l'établissement de l'Empire latin, les Grecs de Nicée ont conquis Constantinople presque sans coup férir.

L'importance que la conquête de Constantinople par les Grecs peut avoir pour nous n'existait pas cependant pour les contemporains. D'abord parce que cet empire latin on le considérait comme se mourant depuis longtemps. Il y avait eu un „homme malade" sur le Bosphore avant 1204, seulement, plus tard, il s'est relevé, ayant fait le voyage d'Asie Mineure, très favorable à sa santé, tandis que l'autre „homme malade", qui l'avait remplacé, ne pouvant pas sortir de la fatalité constantinopolitaine, en est mort.

La Chronique de Martin de Canale, s'occupant de cette reprise de Constantinople par les Grecs ne sait dire que l'accident heureux qui arriva au „prudome que l'en apeloit messire Palialog"[1].

Et c'est tout.

Mais, au moment où les Latins ont disparu de Constantinople et où les Paléologue ont repris possession de la ville impériale, sans pouvoir jamais rappeler le passé, l'État bulgare lui-même était dans un état de profonde déchéance.

Venise avait trouvé une rivale dans Gênes, qui a-près s'être réunie à Venise même pour combattre les Pisans, alliés de Frédéric II, dans ses projets sur la Terre Sainte, avait changé de direction dans son essor économique, Michel Paléologue avait gagné Constantinople avec le concours de ces autres Italiens et il passa la domination commerciale dans la ville impériale et dans les environs à ses associés, dont une petite flotte l'avait soutenu, restant pour protéger cette restauration grecque.

Gênes ne pouvait pas avoir cependant des projets de „Romanie", comme ceux de Venise, laquelle ne se relevera jamais, en Orient, du coup qui lui avait été porté en 1261. Pour le commerce intérieur, les Arpadiens, au bout de leurs efforts, se mouraient.

Mais alors qui pourra prendre la place des puissances disparues? C'est l'Empire des Tatars.

Il se forme peu avant la moitié du XIII-e siècle, dans

---

[1] Édition à la suite de la Chronique d'Altinum, p. 480.

des circonstances qui méritent une brève explication.

L'État des Avars a remplacé, sur le même territoire, l'État des Huns. La domination des Pétschénègues et des Coumans n'a été que la continuation par la même race, sous un autre nom, de la domination des Avars, sinon dans la Pannonie, au moins dans les pays du Danube inférieur. Les Hongrois eux-mêmes ont représenté, comme race, entre les Avars et entre les Pétschénègues et Coumans, ou à côté de ces derniers, la même domination ouralo-altaïque.

Pour Byzance c'était des „Turcs" comme les autres.

Or, les Pétschénègues, se cherchant une fortune dans la péninsule des Balcans, ont été détruits par les Byzantins vers la fin du XI-e siècle. Quant aux Coumans, le roi de Hongrie intervint et leur imposa, par des missionnaires qu'il envoya et protégea, le passage au christianisme.

Aussitôt qu'il y a un évêque couman, il y a aussi un commencement de domination hongroise dans ces régions. Les païens, peu nombreux, reviennent dans la steppe et s'y perdent; d'autres passent en Hongrie même, où ils existeront pendant longtemps, formant une des populations soumises à l'autorité du roi.

Un vide s'est formé cependant ainsi dans ces régions. Le roi de Hongrie a détruit les autres dominations ouralo-altaïques, mais il ne peut pas les remplacer, lui qui cherche de tous côtés des Saxons et d'autres éléments pour peupler ses propres régions.

Au commencement du XIII-e siècle, un des rois de Hongrie a eu une idée magnifique qui, solidement réalisée, aurait changé tout le sort de ces régions, mais une idée qui aurait été bien malheureuse pour toutes les nations qui vivent d'un côté et de l'autre du Danube. Il a appelé les Chevaliers Teutons. Les Allemands de Jérusalem ont été établie dans la Transylvanie méridionale, du côté de cette ville de la couronne, Kronstadt pour ces Allemands, qui est la Braşov des Roumains, dont le hongrois Brassó.

Les chevaliers avaient toute latitude de s'étendre jusqu'au Danube. Ils ont dépassé en même leur programme royal, parce qu'ils se sont empressés de recueillir la totalité des territoires qui ne devaient leur revenir que plus tard. Leur insatiabilité a été aussitôt punie. Comme ils prenaient des airs d'autonomie, qui ne convenaient pas à la royauté hongroise, elle s'est attaquée à eux et, malgré l'appui du Saint-Siège, donné aux chevaliers, elle a contraint les Teutons à abandonner ce territoire de Transylvanie et de la Valachie supérieure qu'ils avaient envahi.

Ils ont été appelés plus tard en Prusse, mais, si le conflit entre eux et le roi de Hongrie ne s'était pas produit, il y aurait eu une colonie germanique sur les bords du Danube, et, comme on le voit, cette réalisation nationale aurait changé totalement l'aspect du Sud-Est européen.

Mais, les Teutons partis, le roi de Hongrie n'avait pas de quoi les remplacer. Sans différer, par dessus les Coumans déjà profondément entamés par la Hongrie, les Tatars sont arrivés sous les successeurs du grand conquérant de l'Asie centrale et occidentale, Dschinguiz-Khan.

Ils ont fait d'abord ce qu'avaient fait, avant eux, les Magyars. Ils ont commencé une oeuvre de dévastation qui s'est étendue jusqu'aux rives de l'Adriatique. Le roi de Hongrie, incapable de s'opposer à leur avance, chercha un refuge du côté de cette côte de Dalmatie, d'où il est revenu plus tard tout étonné de trou-

ver encore un pays sur lequel on pouvait refaire la domination qui paraissait définitivement détruite.

Au concile de Lyon, toute la chrétienté occidentale
s'est occupée du sort de l'Europe entière, par suite
de l'invasion des Tatars[1]. On comprenait que jamais
un danger aussi terrible n'avait menacé la civilisation
chrétienne. Mais il faut s'arrêter là,—bien qu'en tenant
compte de tous les malheurs qu'a provoqués cette invasion, — en ce qui concerne le caractère destructeur
des Tatars.

Lorsque les Tatars sont revenus, ils ont évacué
la Hongrie, la Transylvanie, conservant la seule domination sur les Russes. L'État de Kiev disparaît et
Moscou surgira plus tard, comme une continuation
de la domination tatare: ni byzantin, ni slave, et d'autant moins occidental, cet État ne fera que répéter
la domination tatare dans la steppe.

En même temps, les Tatars ont eu sous leurs mains,
sinon le territoire entier des pays roumains, au moins
ce qui formera plus tard la Moldavie. Ils s'appuyaient
au Sud sur la Crimée, détenant les embouchures de
toutes les rivières de la Russie méridionale: Moncastro, la „Cité Blanche", au „liman" du Dniester, Tana,
à la bouche du Don, Lerici, à celle du Dniéper. C'était
un État hautement civilisé, qu'on connaît aussi, pour le
XIII-e siècle finissant, par le voyage de Marc Paul.
Ayant visité l'Empire de Koubilaï-Khan du côté de la
Tatarie asiatique et de la Chine, le Vénitien en rapporta
des choses tout-à-fait inattendues en ce qui concerne

---

[1] Cf. la naïve mention dans Martin de Canale : „Maintes fois y
furent dites ileuc et de secore la Sainte Tere delà la Mer et de
secore l'Empire de Constantinople et de aler chascun en contre
les Tatars por ce que il manivent le char humaine" (p. 404).

l'organisation économique de cet immense empire qui s'étendait de la Chine jusqu'aux frontières de la Hongrie.

Il y avait d'abord le papier-monnaie. Tout marchand devait verser au Trésor du Khan son or, son argent, ses pierres précieuses, ses perles, et il recevait ce que Marc Paul appelle dans son français, correspondant au français de Martin de Canal, une „chartrète". Avec la „chartrète", portant l'empreinte du Khan, on pouvait partir de l'Altaï pour arriver aux Carpathes. Le marchand de Venise se rend compte des avantages de ce système, surtout par égard à la difficulté de manier les lourdes pièces de métal du moyen-âge.

Il y avait des postes sur les grandes voies, avec des relais. On parle même de 10.000 de ces relais, de 300.000 chevaux qui étaient employés pour les communications.

Les premières routes plantées d'arbres sont dues aux Tatars. Il y a tout un chapitre dans Marc Paul où il dit qu'à chaque trois ou quatre unités de dimension il y avait un arbre de planté [1]. Et, quand on coupait un de ces arbres, on recevait aussitôt la punition due.

Tout de même, cet État représentait une forme supérieure de la civilisation du moyen-âge. Il a représenté, pour le commerce du monde, un des meilleurs moyens de communication et une sûreté de relations qu'on n'avait pas connue auparavant. La terreur du Khan do-

---

[1] Toutes les mestres voies que vont li marchans et messages et toutes autres genz sont planté grans arbres l'un près de l'aure, à deux ou trois pas; Pauthier, *Marc Pol*, 1865, pp. 321 et suiv., 337, 342. — Dépôt de blé pour les cas de famine, *ibid.*, pp. 345–346.

minait toute cette organisation qu'on peut qualifier, pour cette époque, de parfaite. Et le système était si durable qu'il est resté en Russie jusqu'à la fin de ce moyen-âge, jusque plus loin même que les bornes de cette époque. La monnaie russe, le „dengui" porte jusqu'à ce moment, le nom de la monnaie tatare.

Le système de douane[1] s'est conservée jusqu'au XVIII-e siècle, non seulement dans la péninsule de Crimée, mais en Moldavie, qui a retenu même les termes tatars. Il y a dans les deux pays la même distribution des marchandises en deux catégories: celles qu'on cotait d'après leur caractère et celles qu'on taxait d'après leur poids. Dans les deux pays „la grande douane" et, „la petite douane". De même la douane centrale et le droit du souverain de se réserver certains articles de commerce. Enfin l'attribution d'une partie des revenus à tel officier ou à telle institution.

Il y a eu même un tentative, celle de Tschoki, d'introduire le système tatar dans les Balcans bulgares. Et ce n'est qu'au commencement du XIV-e siècle qu'une restauration chrétienne se produit, mais elle n'est dûe qu'à la nouvelle voie de commerce, qui fructifiera sous le rapport économique tout le XIV-e siècle.

---

[1] Cf. Pauthier, ouvr. cité, p. 326.

CHAPITRE IV.

Nouveau régime de commerce sur le Danube inférieur et fondation des États roumains.

On s'imagine habituellement que l'invasion tatare a presque détruit le royaume de Hongrie et il y a des sources, par exemple le récit du Moine Roger, rédigé dans un ton plaintif, qui ferait croire que certaines régions ne pourraient jamais se remettre après le passage des hordes conduites par les descendants de Dschinguiz-Khan.

Mais on peut opposer au „poème misérable", de Roger ce fait qu'après quelques mois, le roi de Hongrie étant revenu des bords de l'Adriatique, non seulement le royaume a pu suivre son développement naturel —et, si ce n'a pas été un développement ascendant, les Tatars n'en sont pas coupables, mais l'affaiblissement de la dynastie des Arpadiens et la disparition des motifs qui l'avaient amené jusqu'à ce moment—, mais, aussitôt après la disparition des Tatars, il y a eu, de la part de la nouvelle royauté hongroise angevine, la tentative de fonder quelque chose de nouveau.

Or, s'il y avait eu la grande dévastation par les Tatars de provinces entières qui auraient été annihilées par les actes de pillage de la horde, il aurait été totalement impossible de refaire le royaume, d'essayer, au moins, de lui donner de nouvelles provinces économiques, quelques dizaines d'années après.

Mais il y a aussi une autre conséquence, qui est de beaucoup plus importante.

Vers la moitié du XIII-e siècle, le roi de Hongrie appelle les Hospitaliers et veut les installer sur le Danube. Donc, la royauté hongroise, qui avait fait appel auparavant aux Chevaliers Teutons, voulant fonder, au commencement du XIII-e siècle, une espèce de Prusse danubienne, a pensé, peu de temps après que l'invasion tatare se fût retirée, à établir les chevaliers français, „latins" de Jérusalem dans la vallée du fleuve.

On a le privilège accordé à cette occasion[1], et il forme un des actes les plus anciens et les plus importants, en même temps, pour les premières fondations roumaines dans cette vallée. Il a été confirmé par le Pape, quelques années ensuite, de sorte qu'il y a une certaine probabilité que ce privilège accordé par le roi de Hongrie à maître Raimbaud, représentant une partie au moins des Hospitaliers, a été mis en exécution.

Il s'agissait, non seulement de créer un boulevard contre la présence et contre le développement de la puissance tatare dans cette contrée danubienne, mais, en même temps, d'obliger la civilisation latine, représentée par le roi des croisés, à ouvrir à ce commerce de l'Occident, que le roi avait mission de gar-

---

[1] Avec des erreurs de nom („Lyrtioy" pour Litovoiu, „Lityra" pour le même nom) aussi dans Delaville-le-Roulx, *Cartulaire*, II, p. 165 et suiv., année 1247. On emploie ordinairement l'édition de Zimmermann-Werner, *Urkundenbuch der Deutschen in Siebenbürgen*, I.

der, des régions qui, jusqu'alors, avaient vécu dans des conditions modestes, étroitement liées à la race qui habitait le pays, mais n'ayant pas de visées plus hautes que la valeur historique de cette race roumaine au XIII-e siècle.

Et voici ce que le roi de Hongrie entendait leur donner, bien au-dessus de ce qu'avaient obtenu les Teutons:

D'abord toute la montagne. Puis, on leur soumet les premières fondations politiques roumaines dans ces régions, surtout dans la partie jusqu'à la rivière d'Olt, à condition que les Valaques conserveront leur autonomie, mais, au lieu d'avoir des relations de sujétion, très relatives, avec le roi de Hongrie, ils les auront avec les Hospitaliers installés par le même prince. A côté il est fait mention de certains points sur le Danube: le Semlin serbe, le Celeiu roumain, avec ses pêcheries.

Et la mention des pêcheries montre que, déjà, l'exploitation économique du Danube en vue des fournitures de poisson dont avait besoin la Transylvanie, surtout pour les longs carêmes de l'Église orthodoxe, avait déjà commencé. Seuls les Roumains d'au-delà de l'Olt, ceux du Voévode Séneslav, échappent en quelque sorte à cette domination.

On ne connaît pas les circonstances qui ont amené la disparition de cet établissement si passager qu'on ne peut pas en fixer même le degré d'importance: peut-être n'y a-t-il eu qu'une visite d'information.

Mais le privilège du roi avait aussi un but plus lointain. Dans le même acte, il est dit que les chevaliers auront un port sur l'Adriatique, celui de Scardona. On leur donnait Scardona, parce que, à ce moment-là, les Vénitiens détenaient la Dalmatie, avec Zara, et de cette façon sur cette Mer de l'Ouest de royaume s'ouvrait un aut·e débouché. Créer une nouvelle voie de commerce partant de ce rivage de Dalmatie pour arriver sur le Danube inférieur, tel était le but du roi de Hongrie.

Il a été abandonné. Le roi cherchera à étendre son influence sur ces régions d'une autre façon: par une pénétration directe, par des relations de vasselage avec la nouvelle principauté valaque qui était, à ce moment, dans les montagnes d'Argeş. Et il y a eu des alliances qui tendaient, sinon à amener la disparition de l'État bulgare bien affaibli, mais, au moins, à faire rentrer cet État dans une situation comme celle de la Valachie à l'égard du royaume des Arpadiens.

Une des conséquences de l'invasion tatare a été celleci. Elle a suscité, de la part de la royauté hongroise, certaines appréhensions d'avenir et lui a donné la suggestion d'établir une nouvelle voie de commerce. Et, s'il n'y avait eu que cette idée d'établir les Hospitaliers sur le Danube inférieur, il faudrait bien en faire mention dans ce bref coup d'oeil sur le développement du commerce au moyen-âge.

Mais la conséquence la plus importante de la création de cet Empire tatar vers la moitié du XIII-e siècle est une autre.

Venise avait perdu, en grande partie, sa situation à Constantinople. Il faut dire que son activité, qui était dirigée sur plusieurs points de la côte, européenne et asiatique, n'avait jamais exercé, d'une façon plus étendue et plus durable, une domination économique sur la Mer Noire.

Le bassin oriental de la Mer Adriatique était bien vivant au temps où Venise pouvait y envoyer ses flottes. Mais la Mer Noire elle-même restait un domaine à peine exploité avant l'arrivée des Grecs de Nicée avec Michel Paléologue dans l'ancienne capitale de l'Empire.

Ce n'est qu'au moment où le Paléologue prend possession de Constantinople, lorsqu'il installe, dans le quartier commercial des Italiens, ses associés, les Génois, que le commerce de la Mer Noire gagne une importance qu'on ne pouvait pas soupçonner quelques dizaines d'années auparavant.

Il est vrai que les Vénitiens ont eu, au fond de cette Mer, à l'embouchure du Don, une colonie qui s'est maintenue jusqu'au XV-e siècle, celle dont le nom reproduit celui de la rivière, Tana. Mais Tana n'a jamais eu, pour le commerce vénitien, l'importance exceptionnelle qu'a eue, pour le commerce de Gênes, une autre colonie formée vers la fin du XIII-e siècle dans des circonstances qui nous resteront pour toujours inconnues, parce que le premier privilège n'a pas été découvert et on n'a pas de chances de le découvrir, et les comptes pour cette époque (on les a pour le XIV-e et pour le XV-e siècles) n'existent plus[1].

La colonie génoise, qui résume tout le trafic des Italiens dans ces régions et attire vers elle tout le commerce de matières non façonnées qui venaient de la steppe russe, est Caffa.

Sa fondation est due, sans doute, d'abord à la présence des Génois à Constantinople, à la situation tout-à-fait particulière qu'ils s'étaient gagnée en soutenant l'empereur Michel, au contrat permanent qui

---

[1] Voy. Iorga, *Notes et extraits pour servir à l'histoire des croisades au XV-e siècle*, I, Préface.

avait été conclu entre l'Empire restauré et entre cette
république rivale et ennemie de Venise délogée par la
disparition de l'Empire latin.

Mais un autre motif de l'établissement, du développement extraordinaire, de la riche prospérité de Caffa pendant tout le XIV-e et pendant les trois quarts
du XV-e siècle, c'est la présence même des Tatars
dans ces régions.

Car Caffa n'est pas une conquête; c'est un établissement accordé par le Khan. Le représentant de la
horde, sentant le même besoin que la royauté hongroise d'avoir des provinces subsidiaires du côté du
Sud, s'adresse à ceux des Italiens qui apportaient une
initiative plus hardie, des garanties d'activité plus
importantes, et Caffa devint ainsi le débouché du grand
commerce tatar, que les Génois consentaient à servir.

Mais la ville n'était pas seule. Tana n'a jamais créé
de succursale; elle est restée isolée et en butte à toutes les attaques des seigneurs de l'intérieur, mais
la colonie de Gênes représente beaucoup plus: elle résume la vie économique de toute une vaste région, et,
si on considère le territoire plus rapproché, elle est
l'expression commerciale de cette région plus restreinte
qui s'appelait pour les Génois la Campagne, la **Cam-
panea**, et qui conservait jusqu'aux XIII-e et XV-e siècles
le souvenir des nations qui avaient jadis dominé, au
commencement du moyen-âge et un peu plus loin, ces
régions. On l'appelait la Gothie et la Gazarie,—la Gothie, parce que, jadis, il y avait eu les Goths Tétraxites
occupant la Crimée, et la Gazarie, puisque sur cette
place s'était exercée la domination de l'Empire des
Khazars.

Le long de ce côté, jusqu'au Caucase, s'éten-
daient les fondations qui dépendaient de cette grande

capitale de Caffa: Cembalo, qui correspond à l'ancienne Symbolum, Soldaïa, Sorgat, la Copa, servant à des populations de moindre importance, qui pouvaient participer cependant aussi au grand mouvement économique de l'époque.

Mais, si le roi de Hongrie, d'un côté, si le Khan des Tatars, de l'autre, pensaient retenir pour eux, pour leur trésor, pour la prospérité de leur État, pour l'importance de leur royaume, d'un côté, de leur Empire, de l'autre, ces nouvelles fondations, ils se trompaient: le moment était venu, à la fin du XIV-e siècle, où certains éléments du passé devaient disparaître et où la possibilité de nouvelles fondations se présentait partout.

Le système d'États (si on peut employer le terme d'États) du moyen-âge ne dure que jusqu'à ce moment et, avec le commencement même du XIV-e siècle, les nouvelles fondations se prononcent. Et, alors que celles du moyen-âge sont dues, souvent, au hasard de la conquête, au hasard des relations féodales, les États du XIV-e siècle ont un sens plus réel et plus profond. Ce sont des États de nécessité, profondément enracinés et, lorsqu'ils auront la forme d'organisations de la monarchie absolue, ils se maintiendront et domineront toute l'époque moderne.

La ligne de commerce du Danube inférieur créera un État, et l'autre ligne de commerce, de la Crimée, de Caffa, tout en accroissant l'importance de la Pologne, de la nouvelle Pologne, qui est tout-à-fait distincte de l'ancienne, dans le mouvement économique, créera un autre État parallèle avec celui qui s'établira d'abord dans les Carpathes pour descendre bientôt jusqu'à la ligne du Danube. Telle est la nécessité de la fondation, avec la race roumaine, d'une principauté valaque, d'un côté, pour desservir la ligne du Danube inférieur, et celle de la création, après quelques dizaines d'années, vers 1350-1360, de la principauté de Moldavie, dans les vallées du Dniester, du Pruth, du Séreth. Mais, en ce qui concerne le commerce, ces États ne sont pas fondés pour une seule race, mais bien pour toutes les nations capables de faire le commerce dans ces régions et dirigées par les nécessités de l'époque à le faire dans ces régions seules.

La preuve que la fondation de ces deux États est due à des facteurs importants, profonds et durables se trouve dans la rapidité de leur développement. Jusqu'au XIV-e siècle, pour qu'un État puisse avancer de la place où il a pris son essor à des frontières naturelles ou à des frontières tant soit peu naturelles, il faut des dizaines d'années, parfois des siècles. L'évolution des territoires est très lente au moyen-âge. S'il y a des États qui, à un certain moment, par une brusque poussée, arrivent à avoir une plus grande étendue, aussitôt il y a la retraite de cette domination.

On a vu ces Ouralo-Altaïques, ces gens de la steppe, qui se sont installés du côté de la Pannonie. Le flux envahit des territoires parfois très lointains, et puis, aussitôt après, les envahisseurs se tassent; il n'y a qu'un territoire bien déterminé où les représentants de ces races de la steppe sont retenus au bout de leur premier et plus grand effort.

La principauté roumaine de Valachie s'est appelée, dès les premières chartes, autrement que par ce nom étranger, qui est devenu un peu un sobriquet pour les Roumains. Elle s'appelait la principauté, la „grande" principauté „de tout le pays roumain". C'est donc une fondation dans le sens moderne, puisqu'il s'agissait d'un territoire géographique bien délimité et elle avait la mission de représenter une race[1].

Le moyen-âge ne s'encombrait pas de ces deux idées; il procédait d'après d'autres principes, qui, alors, créaient et développaient les États. Et la principauté de Moldavie elle-même n'est pas une principauté séparée dans son essence. La plus ancienne dénomination pour cet État qui s'est fondé dans les Carpathes septentrionaux, au point où se rencontraient les frontières de l'ancienne Russie Rouge, de la Pologne, de la Transylvanie et du territoire tatar, n'est pas : Moldavie tout simplement. La Moldavie, c'est la rivière sur laquelle s'est formé le premier établissement; l'ancienne capitale, Baia, s'appelait **civitas** Molda, la ville de la Moldavie, de la rivière de la Moldóva en roumain, Mais l'État s'intitulait, au commencement, autrement: c'était „le pays" **roumain** de la vallée de la Moldova". C'était donc une fondation de concurrence par égard à l'autre.

L'État fondé sur les frontières russo-polonaises était celui qui, partant du Nord, s'opposait à l'autre, formé entre la royauté hongroise et entre l'envahissement tatar.

Vers 1350, lorsqu'on enterrait dans ce tombeau d'Argeş, où on a pratiqué tout dernièrement des fouilles d'une importance exceptionnelle pour l'archéologie et pour l'art du moyen-âge, le fondateur, celui qui avait conquis son autonomie, le prince Basarab, à ce moment, la principauté valaque ne s'étendait que sur deux districts de la montagne, et le roi de Hongrie, l'Angevin Louis, pouvait réclamer pour lui la ligne de commerce

---

[1] Voy. nos *Etudes roumaines*, I, Paris, Gamber, 1923.

qui menait de Kronstadt-Braşov, en Transylvanie, à Brăila, dont le nom apparaît vers cette époque comme celui d'un grand port, en relation avec la „païennie" asiatique.

Vers 1350, la principauté détenait ce nid des Carpathes, mais la voie de commerce était celle du roi. Le roi prenait aux marchands qui suivaient cette voie des droits au passage des montagnes. Vingt ans après, en 1370, toute la ligne du Danube inférieur appartenait à la principauté de Valachie, et le prince, le second successeur de Basarab, était déjà maître de certains points sur la rive droite du fleuve. Profitant du fait que le Tzarat de Bulgarie, l'Empire de prétention des Bulgares, était en pleine déconfiture et succombait sous les coups des Turcs, il y avait des guerriers roumains à Nicopolis, d'un côté, et à Vidine, de l'autre côté. Vers 1350, la principauté de Moldavie n'occupait qu'un petit coin des Carpathes et ne dépassait pas la vallée de la rivière qui l'avait vue naître; quelques années plus tard, on était déjà sur le cours du Séreth: la seconde capitale est sur cette rivière, et, dix ans après, ceux qui s'étaient consolidés sur le cours du Séreth et de la Suceava, son affluent, étaient arrivés, non seulement jusqu'au Pruth, mais jusqu'au Dniester et avaient leur douane à Hotin (Choczim) et à Tighinea (plus tard Bender), en Bessarabie, en territoire roumain des Bassarabes valaques. Avant même le commencement du XV-e siècle, le prince de Moldavie portait le titre de „dominateur jusqu' la Grande Mer", c'est-à-dire la Mer Noire, en même temps que le prince valaque, un successeur de celui qui avait occupé Nicopolis et qui avait dominé un moment à Vidine, en même temps, dis-je, que le prince valaque avait Silistrie sous son autorité, port très important au XIII-e

siècle encore [1], et celui, disparu depuis, de Vicina,
près des embouchures du Danube, dont on avait fait
venir le premier Métropolite, le premier archevêque
de sa principauté. En plus, la Dobrogea, le territoire
entre le Danube inférieur sur son relèvement vers le
Nord et la Mer Noire, était sous l'influence de la principauté de Valachie.

Or, un pays ne se développe avec cette rapidité qu'
autant que son existence correspond à une nécessité
supérieure aux nécessités intérieures et restreintes
d'une seule race.

Déjà, au XIII-e siècle, on a vu cet État bulgare qui
se forme à cause de la grande voie de commerce al-
lant de Durazzo à Constantinople, à cause de la Via
Egnatia.

C'est le même cas pour cette Valachie naissante.

Il y avait, en descendant de la montagne, trois lignes;
la ligne qui allait à Nicopolis en suivant l'Olt, celle
qui suivait la Dâmbovița, la rivière qui arrose Bucarest, à ce moment encore sans grande importance,
et qui touchait le Danube à Giurgiu, et une troisième
ligne, qui se dirigeait vers Silistrie. Sans compter
la grande ligne de commerce, qui avait appartenu
jadis au roi de Hongrie, la ligne de Brăila.

Pour la Valachie, la principauté est antérieure à
la voie de commerce, et je vais fixer aussitôt les
circonstances dans lesquelles l'État, protégeant cette
voie de commerce, a pu la déterminer d'une manière
plus sûre et plus durable. Du côté de la Moldavie,
c'est la voie de commerce qui est antérieure à la
principauté. Ici, on a affaire, en effet, à une né-

---

[1] Voy. Edrisî. II, p. 386 : „Les rues sont larges, les bazars
uombreux et les ressources abondantes".

cessité de commerce déterminant la création d'une forme politique, qui reste tellement reliée à cette forme politique qu'au moment où la voie de commerce est impossible, fermée par l'invasion turque, aussitôt l'importance même de cette principauté de Moldavie déchoit. Elle reste un État embouché, aussitôt qu'elle n'a plus la possibilité de servir un commerce dont la création et le développement étaient le motif même de son existence.

Pour avoir la voie de commerce valaque, il fallait autre chose que la vitalité des Roumains du Danube inférieur: il fallait aussi un nouvel afflux de vitalité dans la Transylvanie hongroise. Et dans cette Transylvanie c'est aux rois de la nouvelle dynastie angevine qu'est dû un développement économique nouveau.

La Hongrie des Angevins est, sous beaucoup de rapports, une fondation tout-à-fait nouvelle. Car considérer ces Angevins comme les continuateurs des Arpadiens c'est faire fausse route. Les Arpadiens sont les représentants de la conquête. Le principe qui a aidé à la fondation de cette dynastie la maintient autant qu'il a une valeur lui-même, et, aussitôt que ce principe faiblit dans la vie générale du moyen-âge, la dynastie des Arpadiens s'en* ressent. Tandis que la Hongrie du XIV-e siècle est un phénomène de l'expansion latine vers l'Orient.

Entre les Angevins du royaume de Naples et entre les Angevins de Hongrie, il n'y a pas seulement un lien de parenté; il y a une relation étroite de politique. Les uns et les autres représentent deux moments du développement de la même politique et du même essor économique en relation avec cette politique.

Les anciens Normands avaient essayé de se rendre maîtres de la côte orientale de la Mer Adriatique. Cette politique avait été reprise ensuite par les Hohenstaufen, continuateurs de la lignée des rois normands. Pour la troisième fois, à la fin du XIII-e siècle, les Angevins établis à Naples reprennent le programme de l'expansion vers les Balcans, et, si Robert Guiscard a été arrêté, dans la réalisation de ses projets, par la maladie et par la mort, si l'offensive des Hohenstaufen, à la fin du XII-e siècle, a été coupée par la disparition inopinée de Henri VI, — encore un fait qu'on ne pouvait pas prévoir — la troisième offensive de cette terre normande du Sud italien réussit.

Charles d'Anjou et son fils, Charles II, ont une grande partie du littoral albanais. Ils sont les maîtres à Durazzo. Leur influence s'étend sur toute une partie de la péninsule des Balcans; on peut dire même que l'Albanie, la nation albanaise gagne la conscience de son existence nettement déterminée et des buts auxquels elle peut se consacrer, par la présence de ces Angevins [1]. Les Albanais, eux-mêmes latins, un peu de race et en grande partie de langue (puisque leur langue a accueilli les plus anciens éléments de latin qui soient entrés dans la péninsule des Balcans), reçoivent, par ces Latins qui sont la nouvelle dynastie normande des Angevins, l'impulsion vers une vie politique propre. La conscience qui leur manquait de par eux-mêmes leur vient par ces envahisseurs. Plus tard, ils se dégageront de cette étreinte normande et ils vivront dans de pe-

---

[1] Le nom d'un Charles Thopia vient de celui du suzerain angevin.

tites formations albanaises, albano-slaves, dans lesquelles entrent aussi des éléments roumains. Mais, pour le commencement, il a fallu bien cette action d'envahissement de la „Normandie" italienne, dominée par les Angevins.

Et, en même temps, on voit très bien que cette expansion en fonction de croisade, aussi bien qu'en rapport avec l'héritage byzantin ouvert, pénètre le monde slave lui-même.

Entre la Serbie du XI-e et du XII-e siècle, qui était toute dalmate, qui se formait dans la Zenta, catholique et latine, et entre la Serbie rascienne, de la région intérieure, influencée par Byzance, dominée par la grécité, il y a une grande différence. Donc, entre les rois de la Zenta et entre les Némanides il ne faut pas faire de confusion. Il ne faut jamais que les noms qui se perpétuent trompent sur les réalités tout-à-fait différentes qui passent sous ces noms, et le premier devoir de l'historien est d'avertir lorsque ces noms représentent tout autre chose que pour le passé.

Mais ces Némanides eux-mêmes ont, dans la nouvelle Serbie du XIV-e siècle, celle du grand Tzar Étienne Douchane, un caractère occidental d'emprunt. Douchane a des gardiens allemands. Son pays est traversé par des marchands de Raguse et de Venise. On frappe monnaie à son nom, avec une inscription latine. Le commerce serbe est, à cette époque, en grande partie, latin. Le latinisme pénètre maintenant tous les domaines, et ce n'est pas un hasard que cette visite du grand prédicateur de croisade au XIV-e siècle, l'ami et le „père" de Philippe de Mézières, l'archevêque Pierre Thomas, pour proposer au Tzar d'entrer dans la croisade générale qui était représentée, de l'autre côté, en Hongrie, par le successeur de Charles-

Robert, par le second Angevin. Des rois serbes épou-
sent des princesses de l'Occident [1]. Et il n'y a pas seulement la relation de parenté avec certaines maisons
occidentales: il y a, en même temps, toute une mode
de l'Occident qui pénètre en Serbie et la transforme.
Aussi les projets de croisade du commencement du
XIV-e siècle mettent ensemble ces quatre terres: Naples des Angevins, Albanie occupée par les guerriers
de Charles d'Anjou, Serbie, sur laquelle s'étendent les
parentés latines en même temps que le commerce d'Occident, et la Hongrie qui vient d'entrer dans cette grande sphère d'influence du monde français établi à Naples, non pas pour y rester, mais pour en faire un
foyer d'influence vers les régions balcaniques et orientales.

Et, alors, Louis-le-Grand étant maître de la Hongrie,
il n'entend pas rester dans cette seule situation de dominateur d'un seul pays. Son programme est plus
vaste, son ambition est plus large, les moyens qu'il
emploie dépassent de beaucoup les limites de l'ancien État hongrois et surtout les frontières de la race.
Pour lui, la Transylvanie, le Banat représentent tout
autre chose que pour ses prédécesseurs qui, déjà,
s'étaient infiltrés dans la péninsule des Balcans et a-
vaient fondé des territoires d'influence, comme la Bosnie, le Banat de la Matschva. Pour lui, la Bosnie, la
Serbie sont des terres à annexer. La Bulgarie, en train
de disparaître, doit devenir une province hongroise.
Mais pas pour la Hongrie seulement: pour tout ce
monde qui est représenté par le roi de Hongrie, de
même qu'il est représenté par son parent de Naples.

---

[1] Voy. nos *Formes byzantines et réalités balcaniques*.

Ce qui montre bien le caractère de cette nouvelle royauté, c'est le changement de capitale. Les Arpadiens en avaient une, les Angevins l'ont remplacée par une autre : la ville de Temesvàr (Timişoara), la citadelle de la rivière du Timiş. Cette capitale du Banat, qui a été disputée entre Serbes et Roumains et qui forme, en ce moment, le chef-lieu de la partie qui a été attribuée aux derniers, doit son importance à la dynastie des Angevins.

On ne pouvait pas dominer de Visegràd le territoire que visait la royauté de croisade latine des Angevins, mais Temesvàr était tout indiquée dans ce but. C'est un point d'où on peut observer la Bosnie et la Serbie, d'où on peut se diriger vers la Bulgarie, d'où on peut surveiller ce qui se passe du côté de la Valachie et tenir sous la main toujours cette importante place de Severin, près des ruines du pont de Trajan, qui avait été déjà au XIII-e siècle, étant une clef du Danube dans ces régions, prise, fortifiée, colonisée, munie d'un évêque.

Mais si, dans ce système angevin, le Banat a une grande importance, si la Bosnie et la Serbie sont des provinces à maintenir ou à conquérir, si la Bulgarie est le point de programme de demain, la Transylvanie devait être tout-à-fait transformée. Avec une Transylvanie maigrement peuplée, pour le développement de laquelle il faut faire appel aux Chevaliers Teutons. avec des Saxons qui sont encore des agriculteurs, faisant le commerce des bestiaux et du blé, la royauté angevine ne pouvait pas en arriver à ses buts. Il fallait quelque chose de plus important, et alors c'est sous l'impulsion de la royauté angevine que ces gros villages saxons ont été transformés en villes.

C'est donc la royauté de Charles-Robert, reconnu

pourtant très tard en Transylvanie, mais surtout la royauté de Louis-le-Grand qui ont créé ces grands entrepôts de frontières qui sont: Hermannstadt, en roumain Sibiiu, Kronstadt, en roumain Braşov et Bistritz-Bistriţa.

Et même les places intérieures ont été transformées de façon à pouvoir servir à ce commerce.

Les attaches des villes de Transylvanie sont, bien entendu, d'un côté avec la Valachie, qui leur donne déjà des privilèges, à Braşov, dès la seconde moitié du XIV-e siècle, et du côté de la Moldavie, où, au commencement du XV-e siècle, les gens de Bistriţa, comme ceux de Braşov, circulaient comme dans leur propre pays.

Mais il n'y avait pas seulement ces relations avec les principautés roumaines, relations menant au Danube, de Nicopolis, de Giurgiu, de Brăila. A l'embouchure du Dniester, il y a le Moncastro des Gênois, la „Cité Blanche" des Roumains, qui deviendra pour les Turcs, lorsqu'ils l'auront occupée (et probablement les Tatars la nommaient de la même façon), Akkerman.

Les villes de Transylvanie avaient, en même temps, des relations du côté de l'Occident. La province était devenue place centrale pour le nouveau commerce entre l'Occident et l'Orient. Des marchands de Venise avaient, d'une façon plus ou moins indirecte, des rapports avec elle. La Bohême lui envoyait ses marchandises, mais surtout les marchandises de l'Europe centrale, marchandises allemandes, le fer en première ligne, et le drap de Pologne passaient en Transylvanie, pour que, par la Valachie, la Moldavie et par le Danube elles arrivassent dans les pays turcs, reliés eux-mêmes par la conquête ottomane avec les régions centrales de l'Asie [1]. Et même il y avait des draps français qui étaient vendus à la Cour des princes et des nobles des pays roumains: des draps de Malines, des draps d'Ypres et de Louvain.

Et, maintenant, il faut passer à l'autre ligne de commerce déterminée par la création de la nouvelle Pologne.

Il y avait eu, jadis, une Pologne unitaire, qui s'était brisée en différents duchés. Ces duchés, en concurrence avec la Russie Rouge, en concurrence aussi avec la pénétration hongroise venant de l'Occident dans ces régions de Galicie, se sont trouvés à un certain point du XIV-e siècle entre les mains d'un seul chef, d'un seul roi; avec Ladislas Lokietek commence la Pologne nouvelle, et cette Pologne nouvelle, grâce à la ligne de commerce, trouve aussitôt dans la grande personnalité de Casimir-le-Grand celui qui pourra la consolider et lui créer, par cette voie de commerce, une nouvelle prospérité.

Elle n'avait pas plus que la Hongrie la possibilité de créer des villes par elle-même, par la population qui vivait sur son territoire. Comme il y avait en Transylvanie une emprise germanique, il y a eu une fondation germanique de l'autre côté aussi, du côté de la Galicie: les marchands allemands ont été attirés dans cette région et ont créé à nouveau les villes de Cracovie et de Lemberg. Cracovie représentait, pour la Galicie, ce que Hermannstadt représentait pour la Transylvanie: c'était l'entrepôt pour les marchandises venant de l'Occident. Le point de départ pour les marchandises venant de l'Occident qui allaient vers l'Orient

---

[1] Cf. notre *Istoria comerțului românesc*, I.

était le Lemberg allemand, le Léopol des Occidentaux, pour les Polonais eux-mêmes: Lwów.

Léopol comptait une population très variée au XIV-e siècle; il y avait non seulement des Allemands, mais des Russes, des Polonais. Le caractère russe de la ville avait cependant totalement disparu. Le roi de Pologne avait insisté même sur ce fait que, dorénavant, il n'y a plus d'anciens droits russes; il y a un nouveau droit allemand de Magdebourg, qu'on peut transporter ailleurs. Car les marchands étrangers venant du pays du roi Casimir et de ses successeurs n'étaient guère jugés en Moldavie d'après le droit du pays, d'après ce droit traditionnel mêlé aux lois byzantins: c'était le droit allemand de Magdebourg qui leur était toujours appliqué.

De Léopol partent plusieurs voies de commerce. Il y a une voie de commerce. qui, en traversant la Moldavie en biais, se dirige vers Moncastro, vers la „Ville Blanche". Mais les marchands peuvent prendre la voie de la steppe, sans toucher la Moldavie, pour se diriger vers Caffa et, de Caffa, viennent des Arméniens, viennent des Sarrasins, et cette population orientale servira pour l'échange des marchandises et l'entretien des relations.

Jamais l'ancienne Russie, la Russie de Kiev [1], n'avait eu une voie de commerce de l'importance de celle qui s'établit entre la Galicie et entre la Crimée génoise. La monnaie qui circule dans ces régions est tout-à-fait différénte de la monnaie transylvaine. La Transyl-

---

[1] Voy. *Relation des Moñgols, des Tartares par le frère Jean du Plan de Carpin*, éd. d'Avezac, p. 375: „Sunt et testes mercatores de Constantinopoli qui per Tartaros in Rusciam venerunt et erant in Klovia, cum de terra reversi fuimus Tartarorum". Il y avait aussi des marchands de Breslau.

vanie connaît seulement le mark d'argent, à la manière de Hermannstadt ou autres variantes, mais les régions orientales, soumises à l'influence génoise, se servent, avant tout, de la monnaie qui vient de Gênes, l'or des ducats ou le rouble d'argent.

En même temps que la voie moldave qui arrive à Moncastro, une seconde ligne, moins importante, sert plutôt au transport du poisson du Danube, très recherché dans les villes polonaises: l'esturgeon. Elle mène à l'ancienne colonie génoise des bouches du Danube, qui s'appellait Licostomo, terme grec passé en italien, et que les Roumains comme les Grecs nommaient Chilia, Kellia. Il y avait une Chilia insulaire, l'ancienne, et, en face, il y avait une autre du XV-e siècle.

Galatz ne représentait que bien peu à cette époque. C'est le dernier terme de retraite du commerce accaparé par les Turcs vers l'Occident, un pis-aller qui apparaît seulement bien tard au XVI-e siècle. Brăila est beaucoup plus ancienne: une ville du XIV-e siècle, faisant dès lors le commerce des régions turques, tandis que Galatz n'est qu'un village qui arrivera à avoir une certaine prospérité seulement lorsque les autres ports n'existeront plus comme débouchés libres [1].

Maintenant, si les Turcs n'étaient pas venus dans la Péninsule des Balcans, si des circonstances favorables, l'affaiblissement de la race serbe, la disparition de l'État bulgare, l'incapacité des petites nations de la péninsule à leur tenir tête n'avaient pas facilité

---

[1] Sur tout cela voyez nos études *Relațiile cu Lembergul* (tirage à part de la revue „Economia Națională"), Bucarest 1899; notre *Geschichte des rumänischen Volkes*, I; nos *Studii și documente*, XXIII, puis Lucie Charewicz, dans le „Kwartalnik historyczyny", année 1924 et Ptašnik, *Kultura wloska wieków średnich w Polsce*, Varsovie, 1922.

leur avance, si ces simples soudoyers de l'Empereur byzantin n'étaient pas devenus, en quelques dizaines d'années, les maîtres des voies de commerce de la Péninsule,— voie du Nord menant vers le Danube, voie
de l'Occident menant vers Durazzo—, s'ils n'avaient
pas été appelés (puisque les Turcs ont été partout appelés où leur domination s'est établie ensuite; ce n'est
pas de leur initiative qu'ils sont venus), par les discordes entre les princes serbes, par les querelles bulgares, par la difficulté des successions en Valachie, où
chaque membre de la famille régnante voulait invo-
quer son droit à régner, ils ne seraient pas arrivés
aussitôt sur le Danube. Et, si ce phénomène, qu'on
ne pouvait pas prévoir, ne s'était pas produit, on ne
peut pas se rendre compte de l'importance exceptionnelle pour la civilisation du monde entier qui serait ré-
sultée de l'établissement de ces nouvelles voies de
commerce du XIV-e siècle.

Il y avait tout un monde à renouveler. On aurait pu
raviver la vie de la péninsule entière et donner à la
Mer Noire toute l'importance qu'elle peut avoir comme moyen d'échange entre les territoires de la vaste
steppe et entre les territoires de la Thrace et de l'Asie
Mineure.

Il y a des possibilités que l'histoire ne peut pas
raconter, parce que leur réalisation ne s'est pas pro-
duite, mais qu'elle doit indiquer souvent, parce que
les choses qui auraient pu être servent à mieux comprendre les choses qui ont été.

Cela a été, sans doute, un grand malheur pour la
civilisation générale que cette interruption d'un commerce qui avait à peine commencé. Et, pour cette la-
tinité que représentent, en Orient, les Roumains, la

conservation des voies de commerce aurait eu une importance extraordinaire.

La pénétration allemande en Transylvanie et en Galicie, au lieu de se maintenir allemande dans son cours ultérieur, aurait été captée par la présence de cet élément latin de la vallée du Danube et des rivières de la Moldavie. Les princes roumains du XIV-e siècle étaient sur le point, par leur présence dans la Dobrogea, à Vidine, à Nicopolis, à Silistrie, de créer un domaine latin de race, et non seulement un domaine latin d'influence commerciale ou de forme religieuse, comme l'avaient essayé les Angevins de Hongrie. Tout autre chose qu'un empire latin, ayant une capitale, et pas un territoire. Les Roumains auraient créé un territoire qui aurait transformé la capitale.

Mais les Turcs sont venus, ils se sont infiltrés dans la péninsule des Balcans, ils en ont adopté la plupart des formes, puisqu'ils n'étaient pas en état d'innover: ils se sont byzantinisés à Constantinople; ils se sont serbisés, féodalisés à la façon serbe dans les vallées intérieures de la Péninsule; ils se sont arrêtés sur le Danube roumain, mais non sans avoir pris, en même temps, toutes les places de commerce qui correspondaient aux places de commerce de la rive droite.

Dès le commencement, ils se sont saisis de Giurgiu; un peu plus tard, ils se sont montrés à Severin. La Petite Nicopolis, qui est la ville roumaine de Turnu, est entrée en leur pouvoir aussitôt après leur passage sur la rive gauche. Brăila seule est restée libre jusqu'à la moitié du XVI-e siècle, mais, à ce moment, son importance était presque nulle.

La Moldavie a résisté, tandis que la Valachie a perdu ses ports. Pendant les premières années du XV-e siècle, cette Moldavie, mieux organisée, ayant tout un système de forteresses, a pu affronter Mohammed II pendant le long et glorieux règne d'Étienne-le-Grand. Et il ne faut pas oublier qu'à ce moment les Moldaves tendaient à s'établir à la place des Génois sur le littoral plus lointain de la Mer Noire (ils ont occupé le port de Lerici), qu'ils défendaient Caffa contre les Turcs (lorsque Caffa a été conquise par le Sultan, en 1475, ce sont des soudoyers moldaves qui ont eu la défense de la ville), que ce prince moldave, dont le règne occupe trois quarts du XV-e siècle, a contracté d'abord un mariage dans la famille des princes de Kiev, avec Eudocie Olelkovitsch, puis un second du côté de la Crimée, épousant une Comnène, de la branche qui s'était établie dans le château des deux Saint Théodores, les Théodori ou Mangoup pour les Tatars. Puis, si on conserve aussi le souvenir des relations qui ont existé, non seulement entre la Moldavie et entre la Russie Rouge soumise au roi de Pologne, mais entre elle et le grand-duc de Moscou, celui qui préparait la grandeur russe de l'avenir, on se rend compte qu'il y avait tout un système moldave de domination économique qui pouvait prospérer.

Mais, en 1475, Caffa est tombée entre les mains des Turcs et une dizaine d'années plus tard, en 1484, à l'embouchure du Dniester, la Cité Blanche devenait leur Akkerman, alors qu'ils occupaient aussi l'ancienne Licostomo des Génois. La Mer Noire devenait pour le commerce une Mer Morte, en même temps que le bassin oriental de la Mer Méditerranée pouvait être exploité seulement dans des conditions tellement difficiles que les républiques italiennes ont renoncé à le faire, et cela a été une des causes principales de leur ruine.

Il y avait de nouveau un Empire asiatique dans ces régions, mais cet Empire était de beaucoup inférieur comme conception et comme programme d'avenir à tous ceux qui l'avaient précédé. Alors que l'Empire tatar représentait une vaste fondation avec un système économique perfectionné, supérieur à celui de la plupart des nations européennes, les Turcs amenaient avec eux, dès le commencement de leur établissement sur le Danube et dans la Mer Noire, ce marasme dont tout le commerce de l'Orient a souffert pendant des siècles.

TABLE DES MATIÈRES

www.ingramcontent.com/pod-product-compliance
Lightning Source LLC
LaVergne TN
LVHW050842200726
843507LV00001B/391